Jürgen Gaßebner · Superbike-WM '97

Jürgen Gaßebner

SUPERBIKE WM´97

MOTORBUCH VERLAG STUTTGART

Einbandgestaltung: Anita Ament
Titelbild: Jürgen Gaßebner
Fotos: Buenos Dias (1), Jürgen Gaßebner (120), Frank Herzog (19),
Robert Kauder (1), Friedemann Kirn (13), Monika Vix (3), Mark Wernham (1)

ISBN 3-613-01827-6

Ein Unternehmen der Paul Pietsch Verlage GmbH + Co
1. Auflage 1997

Lektor: Joachim Kuch
Hersteller: Bernd Peter
Reproduktion: Gerold Schmid, 70469 Stuttgart
Druck und Bindung: Ernst Uhl, 78315 Radolfzell
Printed in Germany

Inhalt

Spannend wie nie zuvor

Der Autor: Jürgen Gaßebner, Jahrgang 1962, kam nach dem Studium von Physik und Betriebswirtschaft zur Motor-Presse Stuttgart, wo er als Redakteur das Ressort Sport beim Fachblatt »PS – Das Sport-Motorrad Magazin« leitet. In diesem Rahmen kümmert er sich vordringlich um die Superbike-Weltmeisterschaft und ist bei den Rennen in aller Regel selbst vor Ort. Als Fotograf arbeitet der gebürtige Stuttgarter ebenfalls für diverse Magazine der Motor-Presse, und auch die Superbike-WM '97 dokumentiert er überwiegend mit eigenen Bildern

Das seit Jahren steigende Interesse der Zuschauer und auch der Sponsoren und Hersteller an der Superbike-WM wurde von der seriennahen Viertaktklasse auch im zehnten Jahr sportlich voll gerechtfertigt. Bereits zum Saisonstart im australischen Phillip Island, wo Honda-Pilot John Kocinski mit einem Sieg auf nasser Strecke die WM-Führung knapp vor Ducati-Rückkehrer Carl Fogarty übernahm, tippten viele Kenner der Szene auf einen Zweikampf dieser beiden Fahrer während der folgenden Rennen. Und sie sollten recht behalten.

Bis zur drittletzten WM-Runde im spanischen Albacete lagen der Amerikaner und der Engländer in der Tabelle nahezu gleichauf. Rückblickend wurde Spanien aber unerwartet zum Schauplatz der WM-Entscheidung, denn Foggy, der mit 45 Siegen erfolgreichster Superbike-WM-Pilot ist, holte zweimal null Punkte infolge von Stürzen, und Little John, »E.T., der Außerirdische«, nutzte in Spanien die Gunst der Stunde, um sich mit einem Doppelsieg kaum mehr einholbar in der Tabelle nach oben zu katapultieren.

Freilich wären da die ausstehenden vier Rennen in Sugo und Sentul kaum mehr als Formsache gewesen, doch bis zu den allerletzten Rennkilometern gaben Kocinski, Fogarty & Co. noch alles. Von Langeweile konnte beileibe keine Rede sein.

Ebenso spannend ging es in den beiden anderen Klassen, der Supersport Worldseries und der European Supermono zu. Paolo Casoli konnte den Supersport-Welttitel erst in Sugo unter Dach und Fach bringen, lediglich Supermono-Meister Makoto Suzuki hatte seinen Titel bereits frühzeitig gesichert. Und dennoch: Bis zum Finale im spanischen Albacete blieb er der Maßstab bei den Einzylinder-Rennen.

Erfreulich auch, was die deutschen Vertreter in den drei Kategorien zustande brachten. Jochen Schmid, der nur bei wenigen Superbike-WM-Läufen antrat, bewies, daß er durchaus das fahrerische Zeug hat, um unter die ersten zehn zu schlüpfen. Udo Mark lieferte sich mit Anton Gruschka ein erfolgreiches Gefecht um den EM-Titel, der ebenfalls im Rahmen der Superbike-WM-Rennen vergeben wurde.

Last but not least traten in der Supersport Worldseries Thomas Körner, Bernhard Schick, Peter Koller, Volker Bähr und Jörg Teuchert an. Sie alle kämpften toll, und ich hoffe, sie 1998 wieder auf den Rennplätzen zu sehen.

Gleiches gilt für die deutschen European Supermono-Vertreter André Friedrich, Elli Bindrum, Wolfgang Melchinger, Katja Poensgen, Frank Schüller, Guido Metzler und Manfred Kehrmann.

Allen Fahrern und Teams danke ich herzlich für die gute Zusammenarbeit in diesem Jahr. Merci auch an folgende Kolleginnen und Kollegen, die mir für verschiedene Beiträge in diesem Buch Material zur Verfügung stellten: Monika Vix, Frank Herzog, Robert Kauder, Friedemann Kirn, Michael Pfeiffer und Mark Wernham.

Allen wünsche ich eine erholsame Winterpause und eine erfolgreiche Saison 1998.

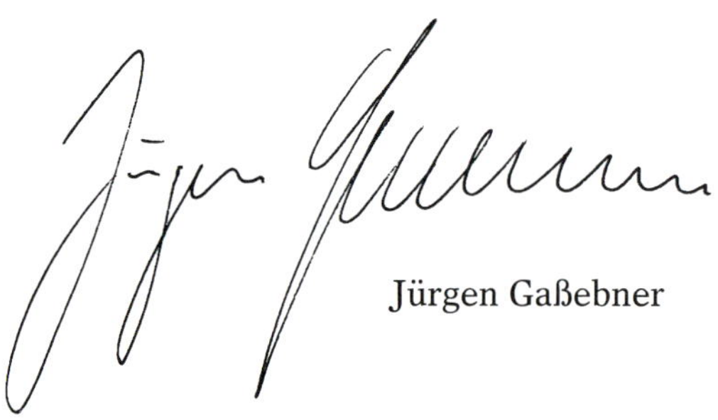

Jürgen Gaßebner

Great Little John: John Kocinski ließ in seiner zweiten Superbike-WM-Saison nichts anbrennen und sicherte sich und der Honda RC 45 erstmals den begehrten Weltmeister-Titel

Ich bin happy!

Es freut mich, daß ich als Weltmeister das Vorwort für das Superbike-Jahrbuch schreiben darf. Ich hatte ein wirklich großartiges erstes Jahr mit dem Castrol Honda Team und konnte ihm auf Anhieb den WM-Titel schenken. Das befriedigt natürlich sehr.

Wenn ich so auf das Jahr zurück blicke, so war es ein Jahr mit vielen Ups und Downs, was die verschiedenen Rennen anbelangt. Am einen Wochenende war ich prima unterwegs und gewann, ein oder zwei Wochen später mußte ich dann wieder froh sein, Punkte sammeln zu können. Meine Beständigkeit, zahlreiche Siege und der Ansporn von HRC zu Siegen halfen mir letztlich das ganze Jahr über, den Titel zu gewinnen. Das Castrol Honda Team hatte den Titel bisher ja noch nie gewonnen und schon diese Tatsache allein war für mich ein enormer Antrieb. Ich wollte Honda und diesem Team unbedingt die Weltmeisterschaft schenken.

Alles in allem war es einfach ein großartiges Jahr, und ich muß sagen, daß ich auch das Leben im Superbike-Fahrerlager wirklich genossen habe. Ich habe viele neue, nette Leute kennengelernt, und die Szene gefällt mir richtig gut. Auch aus diesem Grund zählt das Schreiben dieses Vorwortes zu den Dingen, die mich freuen.

Angefangen von meinem ersten Sieg in Australien bis hin zur letzten WM-Runde im indonesischen Sentul war ich stark unter Druck, und ich bedanke mich bei allen, die mir geholfen haben. Das gilt nicht nur für mein Team, sondern auch für meine Fans in Europa und dem Rest der Welt.

Deswegen hier auch meine allerbesten Wünsche für die Leser dieses Buches. Macht eine schöne erholsame Winterpause und danach sehen wir uns wieder in der Saison 1998.

Euer

John Kocinski

Aller guten Dinge sind drei: Das jedenfalls sagte sich der zweifache Superbike-Weltmeister Carl Fogarty nach seiner Rückkehr zu Ducati und nahm hochmotiviert den dritten Titel ins Visier

In Hochform

Bei den Vorsaison-Tests dominierte Ducati-Rückkehrer Carl Fogarty, aber auch die Vierzylinder-Konkurrenz war schnell

Wer ernsthaft glaubte, die Glanzzeiten des Superbike-Weltmeisters von 1994 und 1995, Carl Fogarty, seien nach seinem Honda-Intermezzo des vergangenen Jahres vorbei, irrte mit ziemlicher Sicherheit. Nach seiner Rückkehr zum Ducati-Team von Virginio Ferrari bewies der Brite aus Blackburn bei den Tests, daß zumindest dann kein Weg an ihm vorbeiführt, wenn er einen bologneser V-Twin bewegt.

Im australischen Phillip Island düpierte er mit einer Zeit von 1:35,637 min die Konkurrenz gleich am ersten Tag. Zwar war Yamaha-Pilot Colin Edwards ihm mit nur sieben Hundertstel Sekunden Rückstand dicht auf den Fersen und Honda-Neuzugang John Kocinski folgte als Drittschnellster mit rund vier Zehntelsekunden Abstand, doch schneller als Foggy sollte auch am zweiten Tag keiner sein. Trotz geprellter rechter Hand, Folge eines Highspeed-Sturzes eingangs der Zielgerade am Ende des ersten Tages, setzte »Flyin' Foggy« mit 1:35,165 min erneut eine Bestmarke. Wiederum gefolgt von Edwards und diesmal Scott Russell, dessen Teamkollegen, der im vergangenen Jahr ja noch in der 500er-WM für Suzuki unterwegs war.

Neben Fogarty, Kocinski, Edwards und Russell waren aber noch einige andere Piloten für den Titel gut, so etwa Fogartys Teamkollege Neil Hodgson, der zwar nach wie vor an einer Handverletzung aus dem vergangenen Jahr laborierte, in Australien aber mit der jeweils viert- und fünftschnellsten Zeit sein Können bewies. In Laguna Seca gelang es dem Engländer am ersten Tag gar, Lokalmatador John Kocinski, erklärtermaßen Spezialist für den anspruchsvollen kalifornischen Kurs, in die Schranken zu weisen. Über eine halbe Sekunde bekam dieser als Zweitschnellster von Hodgson aufgebrummt. Auf Platz drei fand sich aber dann schon wieder Fogarty, der allerdings vorbaute: »Ich mag diese Strecke nicht und bin halt so herumgefahren. Dafür war die Zeit okay«, resümierte er. Am zweiten Testtag in den USA steigerte Foggy sich aber nochmals und markierte Bestzeit vor Hodgson, der stürzte und zunächst ins Krankenhaus kam, aber glücklicherweise unverletzt blieb.

Chili mit viel Pfeffer: Der italienische Ducati-Werksfahrer Pierfrancesco Chili bekam sein '97er-Material erst recht spät, trumpfte aber sofort mit Spitzenzeiten auf

Von Anfang an dabei: John Kocinski kam von Ducati zu Honda und bewies mit auf Anhieb superben Rundenzeiten, daß mit ihm und dem japanischen V-Vierzylinder 1997 zu rechnen sein würde

Kaum langsamer als der zweifache Weltmeister umrundete der Vize-Champion von 1996, Aaron Slight, als Viertschnellster auf der Honda RC 45 die US-Strecke. Slight, der bei den allerersten Tests in Indonesien noch in Bestform auflief, mußte in Australien wegen einer Lebensmittelvergiftung pausieren, aber langsam kam auch er wieder in die Gänge und durfte zu den Titelaspiranten gezählt werden.

Bislang eher verhalten waren dagegen die Einschätzungen des vom Briten Lester Harris geleiteten Suzuki-Werksteams. Nachdem John Reynolds und Kirk McCarthy gefeuert wurden, standen mit Jamie Whitham und Mike Hale zwar wieder zwei sehr gute Fahrer bereit, doch die bislang mit der GSX-R 750 erreichten Rundenzeiten ließen noch zu wünschen übrig. Über eine Sekunde betrug der Rückstand der beiden auf die Spitzenteams von Ducati und Honda in Laguna Seca.

Ebenfalls kritisch schien die Lage augenblicklich noch im Kawasaki-Lager zu sein. In Phillip Island kamen Akira Yanagawa, der Anthony Gobert ersetzte, und Simon Crafar nur bis auf rund eine Sekunde an die Top-Zeit von Fogarty heran. Im Moment war es daher mehr als fraglich, ob die beiden Kawasaki-Werksfahrer unter der Leitung von Harald Eckl Anthony Goberts Erfolg im letz-

Neuzugang: Der Japaner Akira Yanagawa ersetzte den in die 500er-WM abgewanderten Anthony Gobert und zeigte bereits bei den ersten Testfahrten, daß die Wahl bei Kawasaki nicht zufällig auf ihn fiel

SHOEI
ADVANCE
8
Kawasaki
alpinestars
ADVANCE
DUNLOP
NGK

ten Rennen der vergangenen Saison beim Saisonauftakt am 23. März an gleicher Stelle wiederholen könnten. »Kawasaki hat das Triebwerk über den Winter konsequent weiterentwickelt«, berichtete Harald Eckl. Aufgrund der Erfahrungen aus dem vergangenen Jahr dürften eventuelle Nachteile der Kawasaki denn auch nicht im Fahrwerksbereich, sondern eher im Leistungs- und Drehmomentverhalten des extrem kurzhubig ausgelegten Motors zu suchen gewesen sein.

Nach den ersten Rennen in Phillip Island, im italienischen Misano und im britischen Donington würde sich die Situation klären, mutmaßten die Experten. Bis dato erschien der Titelkampf eine Angelegenheit zwischen Carl Fogarty auf Ducati, John Kocinski und Aaron Slight auf Honda sowie Colin Edwards und Scott Russell auf Yamaha zu werden. Außerdem könnte Foggys Weggefährte Neil Hodgson in diesem Jahr zumindest für den einen oder anderen Sieg gut sein. Obendrein erwarteten wir einen wie im Vorjahr blendend aufgelegten Pierfrancesco Chili, der ebenfalls eine Werks-Ducati bewegte.

Für gehörige Spannung in der Superbike-WM war also gesorgt, und den Zuschauern würde es bei den 24 Rennen auf 12 Rennstrecken sicherlich nicht langweilig werden, zumal auch das Rah-

Und noch'n Brite: James »Jamie« Whitham verstärkte für 1997 die Suzuki-Werksmannschaft. Ausgefeilte Fahrtechnik und Kampfgeist sollten ihn 1997 zum erfolgreichsten Suzuki-Fahrer aufsteigen lassen

Scottie, bitte kommen: Scott Russell, der Superbike-Weltmeister von 1993 kehrte aus dem Grand Prix-Zirkus in die Superbike-WM zurück und ersetzte bei Yamaha den Japaner Wataru Yoshikawa

menprogramm wirklich interessanten Rennsport – gerade auch aus deutscher Sicht – versprach.

Bei zehn von zwölf Superbike-Runden wurde nämlich die Supersport Worldseries ausgetragen, bei der mit Thomas Körner, Volker Bähr, Bernhard Schick und Peter Koller auch aussichtsreiche deutsche Piloten starteten. Zudem würden wir bei den europäischen WM-Runden nach wie vor die Supermono-Klasse verfolgen können, obendrein starteten die Superbike-Europameisterschaft sowie ein vom jeweiligen Veranstalter organisierter Markenpokal. Spannenden Rennwochenenden mit bis zu sechs Rennen stand damit nichts mehr im Wege.

Termine Superbike-WM 1997

23.3.	Phillip Island/AUS
20.4.	Misano/RSM*
4.5.	Donington/GB*
8.6.	Hockenheim/D*
22.6.	Monza/I*
13.7.	Laguna Seca/USA
3.8.	Brands Hatch/EU*
17.8.	Zeltweg/A*
31.8.	Assen/NL*
7.9.	Oschersleben**
21.9.	Albacete/E*
5.10.	Sugo/J*
12.10.	Sentul/RI*

* Mit Supersport Worldcup
** Ohne Superbike-WM

Live dabei mit DF1

DF1 übertrug alle Läufe zur Superbike-WM live beziehungsweise zeitversetzt (gilt für Überseeläufe).

Allerdings war dafür ein Decoder für 890 Mark nötig, der in den meisten Fernsehgeschäften erhältlich war. Außerdem sendete das DSF eine einstündige Zusammenfassung der Rennen jeweils drei Tage später. Wie bei der Formel 1 war auch bei den Übertragungen von Superbike und Supersport die Redaktion des DSF (Deutsches Sportfernsehen) verantwortlich. Die Supersport Worldseries wurde live von Eurosport übertragen.

PRYNGEPS
OFFICIAL TIMING
Ford
HONDA
Castrol
SPIDI
Segura Viudas

»Ich will den Titel«

Vor dem Start in die Saison 1997 sprach PS-Sportchef Jürgen Gaßebner mit dem WM-Dritten 1996, John Kocinski, über dessen Wechsel von Ducati Corse zu Castrol Honda

?: Gratulation zu Deinem neuen Arbeitsplatz. Wie fühlst Du Dich?

Kocinski: Danke, mir geht's großartig. Nach der eher schwierigen '96er Saison bei Ducati ist es schön, einem spannenden Jahr 1997 und einer Karriere mit Honda entgegenzusehen.

?: Wurde ein Traum für Dich wahr, als Du den Honda-Vertrag unterschrieben hast?

Kocinski: Ja, doch, in gewisser weise wurde schon ein Traum wahr. Ich wollte ja schon immer eine Honda fahren, und dieser Wunsch stand über allem anderen. Da ich die Honda-Leute das ganze Jahr 1996 über regelmäßig gesehen habe, wußte ich spätestens bei meinen RC 45-Tests im letzten Dezember in Suzuka, daß ich die richtige Entscheidung getroffen habe. Honda soll zukünftig meine Heimat werden.

?: Wie lange läuft Dein Vertrag?

Kocinski: Mein Vertrag läuft nur ein Jahr, aber das ist kein Problem. Ich weiß, daß wenn Honda mit mir glücklich ist und ich mit Honda glücklich bin, unsere Beziehung auch für die Zukunft wachsen kann.

Am Ziel seiner Träume: John Kocinski machte aus seiner Liebe zu Honda nie einen Hehl. Für 1997 klappte es endlich mit dem Werksvertrag für ihn, und er revanchierte sich artig mit dem WM-Titel

?: Worin liegen die Hauptunterschiede zwischen dem Castrol Honda-Team und dem Ducati-Team, für das Du letztes Jahr gefahren bist?

Kocinski: In der Organisation. Während des ganzen letzten Jahres beobachtete ich das Castrol Honda Team, und ich muß sagen, sie waren so organisiert verglichen mit dem Ducati-Team, daß es schon nicht mehr wahr sein konnte. Und obwohl die vielen englischen Teammitglieder mit den Japanern und deren Mentalität klar kommen mußten, arbeiteten sie so effizient und waren so vertraut und mit Übersicht zugange, bei dem was sie taten.

?: Wie ist Dein Verhältnis zu Teamchef Neil Tuxworth und den Mechanikern?

Kocinski: Ich kenne Neil ja schon seit einigen Jahren. Als ich noch für Kenny Roberts Grand Prix fuhr, borgte ich mir manchmal von Neil Motocross-Maschinen, um auf dem Gelände neben der Niederlassung des Castrol Honda-Teams zu trainieren. Einer meiner damaligen Mechaniker wohnte dort in der Nähe, und dehalb war ich auch öfters dort. Wie alle Mechaniker leistete vor allem mein Chefmechaniker letztes Jahr gute Arbeit für Fogarty, und ich habe noch einen japanischen Mechaniker dazu bekommen, den ich aus meiner 250er-Zeit kenne. Das Leben innerhalb des Teams sollte 1997 also ganz angenehm werden.

?: Wie verstehst Du Dich mit Teamkollege Aaron Slight?

Kocinski: Wie Du 1996 gesehen hast, ist mein Teamkollege nur ein weiterer Fahrer, den es zu schlagen gilt. Ich weiß, was Aaron geleistet hat, und ich sollte ihn nicht unterschätzen, schließlich ist er Vizeweltmeister geworden. Aber ich werde innerhalb des Teams meinen eigenen Weg gehen.

?: Du und Carl Fogarty habt für 1997 die Teams getauscht, und viele Leute warten gespannt darauf, wer von Euch schneller sein wird. Glaubst Du, auf der Honda schneller zu sein, als Fogarty auf der Ducati?

Kocinski: Am 23. März in Phillip Island werden wir es wissen, aber ich bin zuversichtlich, daß mich Honda so gut unterstützen wird, daß ich mit der RC 45 gewinnen kann. Was Fogarty auf der Ducati macht, überlasse ich ihm und den Italienern.

?: Wen siehst Du 1997 als schärfste Rivalen?

Kocinski: Fogarty, Slight und Russell. Colin Edwards verbessert sich möglicherweise dadurch, daß er Russell im Team hat. Aber wie gesagt: In Phillip Island sehen wir weiter.

?: Ist der WM-Titel Dein einziges Ziel, oder wärest Du mit Platz zwei oder drei auch zufrieden?

Kocinski: Ich wäre kein Rennfahrer, wenn ich nicht gewinnen wollte. Zweite und dritte Plätze sind nicht das, was John Kocinski und Honda erreichen wollen. Ich bin hier um zu gewinnen und ich will den WM-Titel 1997.

?: Wo testet Ihr?

Kocinski: Ich habe im Dezember schon in Suzuka getestet, wo ich 2.10 Minuten erreichte und sehr zufrieden war für's erste Mal. Wir machen Ende Januar in Sentul weiter, dann geht's Anfang Februar nach Phillip Island und Laguna Seca. Danach testen wir nochmal in Phillip Island und Eastern Creek.

?: Worin liegt Deiner Meinung nach der Hauptunterschied zwischen der Honda und der Ducati?

Kocinski: Die Honda ist viel technischer, aber das liegt mir. Du holst aus dem Motorrad nur heraus, was du hineinsteckst, und ich bin zuversichtlich, am meisten aus der Honda herausholen zu können.

?: Viele Fahrer sagen, die Ducati hätte Vorteile durch das Reglement. Denkst Du auch so?

Kocinski: Darum kümmere ich mich nicht. Die Politik vernichtete mich im Grand Prix-Sport und ich würde es hassen, wenn sich dieselbe Situation in der Superbike-WM heranschleichen würde. Bisher genoß ich die Atmosphäre im Fahrerlager der Superbike-WM – da sind so viele aufrichtige Leute.

?: Wie würdest Du den augenblicklichen Status der Superbike-WM im Vergleich zum Grand Prix bewerten?

Kocinski: Nun, die Superbike-WM ist noch recht jung und sucht teilweise noch ihren Weg, wohingegen der Grand Prix etabliert und eingefahren ist. Der Hauptunterschied für mich liegt in den Leuten.

?: Gibt es da Unterschiede in der Professionalität?

Kocinski: Nein. Schau' dir nur das Castrol Honda-Team an. Einen eingespielteren Haufen von Leuten kann man gar nicht haben, und wahrscheinlich ist es das professionellste Team im ganzen Fahrerlager.

?: Wie sind Deine Pläne für 1998? Man hört, Honda habe Dir eine 500er angeboten.

Kocinski: Nein. Ich nehme dieses Jahr, wie es kommt, und warte, was mit mir und Honda passiert. Wer weiß, was Honda für 1998 plant. Wahrscheinlich wissen sie es selbst nicht.

?: Wer, denkst Du, wird die erste WM-Runde in Phillip Island gewinnen, und wer kommt als WM-Leader im Juni nach Hockenheim?

Kocinski: Ich hoffentlich. Ich mag den Kurs und hatte 1996 dort wenig Glück. Als WM-Leader kann eigentlich fast jeder nach Deutschland kommen. In drei WM-Runden kann schließlich viel passieren, wie das Vorwärts und Rückwärts in der Punktetabelle 1996 ja deutlich gezeigt hat.

?: Magst Du eigentlich Deutschland?

Kocinski: Oh ja, und ich liebe Hockenheim. Ich weiß, daß die Honda dort gut ist und ich dort gewinnen kann. Ich kann eigentlich keine spezielle Strecke herausgreifen, außer vielleicht meine Heimstrecke Laguna Seca.

Traumhafte Kombination: Nachdem Top-Fahrer wie Doug Polen, Simon Crafar, Aaron Slight und sogar Carl Fogarty mit Titelambitionen an der RC 45 scheiterten, bewies Little John 1997 schließlich einerseits sein Fahrtalent und obendrein die Siegfähigkeit der Honda RVF 750 RC45

Vier gewinnt: Scott Russell schrieb sich mit der Werks-Yamaha im Frühjahr '97 zum vierten Mal als Sieger der 200 Meilen von Daytona ein und übernahm vor dem Auftakt der Superbike-WM damit eine überraschende Favoritenrolle

Vier-Vergnügen

Scott Russell erbeutete den ersehnten vierten Daytona-Sieg – und fand nach der mißglückten Saison 1996 zu alter Form und alter Fröhlichkeit zurück. Friedemann Kirn berichtet

Zwar zählt das traditionelle 200 Meilen-Rennen von Daytona nicht zur Superbike-Weltmeisterschaft, aber dennoch gilt der Klassiker sozusagen als der Auftakt für die Superbike-Saison schlechthin. So starteten denn auch 1997 etliche Toppiloten aus der WM-Szene, allen voran Superbike-Rückkehrer Scott Russell und sein texanischer Teamkollege Colin Edwards. Für große Spannung vor dem 200 Meilen-Rennen war allemal gesorgt, denn Russell schickte sich bereits im Vorfeld an, die 200 Meilen zum vierten Male gewinnen zu wollen. Und wahrlich, an Action und Dramatik war auch dieses Rennen kaum zu überbieten.

Eingangs der Steilkurve nach dem Infield stürzte der kalifornische Privatfahrer Dean Mizdal und brach sich das Handgelenk. Weil der explodierende Motor seiner alten Suzuki eine beachtliche Ölspur auf der Ideallinie hinterließ, wurde es fünf Runden vor Schluß der 200 Meilen von Daytona nochmals richtig spannend.

Das Pace Car ging auf die Strecke, drosselte das Renntempo von knapp 190 Stundenkilometern auf weniger als die Hälfte und schob das weit auseinandergezogene Feld in sich zusammen wie eine Ziehharmonika. Diese uramerikanische Erfindung, gut für die Show und gut für die Aufräumarbeiten, aber vollkommen unlogisch und ungerecht für den Rennverlauf, zog auch prompt eine Menge Aufregung nach sich. So wurde der kanadische Honda-Star Steve Crevier von einer empörten Konkurrenz unlauterer Machenschaften bezichtigt. Crevier hatte das Schneckentempo nämlich schlau zu einem flinken Boxenstop genutzt und in den verbleibenden drei Sprintrunden auf frischen, superweichen Qualifikationsreifen zwei Plätze gutgemacht und Platz vier erbeutet. Weil Crevier keine Regel verletzt hatte, wurde ein Protest abgeschmettert.

Auch Suzuki-Pilot Pascal Picotte stand zu unrecht am Pranger. Weil er

Bitte vollmachen: Extrem schnelle Tankstopps und Reifenwechsel sind Grundvoraussetzungen für einen Daytona-Sieg. Beides beherrschte die Russell-Crew im Sonnenstaat Florida perfekt

Strahle-Mann: Scott Russell konnte sich die begehrte Daytona-Trophäe nun zu seinen bereits vorhandenen ins Regal stellen. Den Spitznamen »Mr. Daytona« trägt er völlig zu recht

während der Pace Car-Phase trotz gelber Flaggensignale überholt hattte, wurde er zunächst von Platz fünf auf Platz sechs verbannt. Eine Videoaufzeichnung lieferte aber den eindeutigen Beweis, daß Picotte von den gleichen Marshalls, die die gelben Fahnen in der Hand gehalten hatten, ungeduldig zu größerer Eile weitergewunken wurde. Am Ende wurde Picotte begnadigt und erhielt seinen fünften Platz zurück.

Mehr noch als die Hinterherfahrer wurmte es den Spitzenreiter, daß das Feld so ungerecht zusammengerückt wurde und sein mühsam erwirtschafteter Vorsprung binnen weniger Kilometer dahinschmolz wie Butter in der Sonne. Dank makelloser Sieben-Sekunden-Boxenstops und einer fehlerfreien Fahrt hatte Scott Russell ein Guthaben von über 16 Sekunden aufgehäuft. Entsprechend ungeduldig ging er mit seiner Yamaha immer wieder mit dem Pace Car längsseits, um den Fahrer zu größerer Eile anzustacheln.

Als Russell drei Runden vor Schluß endlich wieder freie Fahrt hatte, waren Verfolger Doug Chandler und Colin Edwards natürlich längst gefährlich aufgerückt. Selbst der bereits geschlagene Miguel Duhamel schnüffelte frech an Russells Hinterrad. Fast sah es nach einer Neuauflage des dramatischen Vorjahres-Finale aus, bei dem Duhamel mit einem riskanten Manöver beim Herausbeschleunigen auf die Zielgerade einen Sieg um wenige Hundertstelsekunden gefeiert hatte.

Doch diesmal herrschte keine unmittelbare Gefahr. Der mit Reifenproblemen kämpfende Duhamel – erst flogen Gummifetzen aus dem vorderen, später auch noch aus dem Hinterreifen davon – lag nämlich eine volle Runde zurück und fuhr im Endspurt nur zur Unterhaltung der Zuschauer so wacker mit Russell um die Wette. »Scott und ich sind gute Freunde. Ich war happy für ihn. Auch wenn ich villeicht vor ihm ins Ziel hätte kommen können: Ich wollte ihm nicht die Show verderben«, lächelte Duhamel.

»Zwischen mir und Duhamel wäre es unter keinen Umständen zu einem Finale wie im letzten Jahr gekommen. Denn vorher hätte ich ihn runtergefahren«, setzte Russell übermütig nach und hatte neben seiner gewaltigen Siegertrophäe nach dem Rennen auch noch die Lacher auf seiner Seite.

Sein Sieg war das vorläufige, fröhliche Happy-End eines Dramas, das mit seinem selbst inszenierten Weggang von Rob Muzzys Kawasaki-Team begonnen und mit einem mißglückten Grand Prix-Einstieg bei Lucky Strike-Suzuki in großen Frust gemündet hatte. Die Wende kam mit Russells Rückkehr in die Superbike-Szene: Kaum hatte er bei

Yamaha einen neuen Vertrag unterschrieben, zog Russell nach Kalifornien in die Nähe seines Helm- und Kleidungsdesigners Troy Lee und fing ein neues Leben an. Ein eigens für ihn engagierter Ernährungs- und Fitneßberater kümmerte sich ums körperliche Wohlbefinden, erste Tests auf der ausgereiften, kräftigen YZF 750 brachten auch die Seelenlage wieder ins Lot.

Russell kam in Angriffslaune nach Daytona. Eine erste Warnung an die Kollegen war sein neuer Helm, der mit einer von Troy Lee eigens für Daytona auflaminierten Finne martialisch wie der Kopfschutz eines mittelalterlichen Drachentöters wirkte.

Angst und Schrecken verbreitete Russell aber vor allem mit seinen Rundenzeiten. Im letzten Moment der entscheidenden Qualifikation zerstäubte er nicht nur Troy Corsers Vorjahres-Fabelrekord von 1.49,389 Minuten, sondern riß gleich noch die als uneinnehmbar geltende Schallmauer von 1.49,0 Minuten nieder. Exakt 1.48,999 Minuten zeigte der Computer, was Russell nicht nur die begehrte Pole Position und damit die dritte Rolex-Uhr in seiner Sonderprämien-Sammlung, sondern auch tosenden Szenenapplaus in der Boxengasse einbrachte.

»Eins ist sicher: Nächstes Jahr starte ich nicht mehr mit Nummer 45, sondern der 44. Dann bin ich mit Russell in der gleichen Gruppe und kann notfalls zurückschlagen«, knirschte Teamkollege Colin Edwards, der schon eine Stunde zuvor die vorläufige Bestzeit erzielt und Corsers Wert aus dem Vorjahr in 1.49,18 unterboten hatte.

Bis zu seinem letzten Boxenstop sah es nicht so aus, als könne Russell seinem jungen texanischen Herausfor-

Andere Welt: Abseits der Steilkurven-Piste ziehen die vielen tausend Biker in der Main Street von Daytona die Aufmerksamkeit auf sich. Dazu ist ihnen jedes Mittel recht

Die Zwei von der Zankstelle: Scott Russell gelang es, Lokalmatador Miguel Duhamel auf der Smokin' Joe's-Werks-Honda in Schach zu halten

Kollege kommt gleich: Der Kanadier Steve Crevier verstärkte für 1997 die amerikanische Honda-Mannschaft im Kampf um die AMA-Superbike-Meisterschaft und wurde Vierter

derer das Wasser reichen. »Ich hatte im Infield keinen rechten Drive beim Herausbeschleunigen, mir fehlte mehr als eine Sekunde. Doch dann stellten wir die Federvorspannung zurück, und plötzlich beschleunigte das Motorrad wie ein Torpedo aus den engen Ecken. Es ist ja kein Geheimnis, daß wir Qualifiers verwenden, die drei Runden durchhalten. Der letzte Satz davon hat gerade noch zur Bestzeit gereicht«.

Russell stieß triumphierende Schreie aus und lobte seine Yamaha, die Dunlop-Reifen, seine Techniker, vor allem aber den früheren Superbike-Piloten und jetzigen Fahrwerksspezialisten Anders Andersson geradezu in den siebten Himmel.

Dessen Tricks machten sicher eine halbe Sekunde aus. Doch die anderen Zehntel kamen aus jener Extraportion an Fahrkönnen, Mut, Motivation und Einsatz, die nur ganz wenige Fahrer in ganz besonderen Momenten mobilisieren können.

Frühere Grand Prix-Stars wie Wayne Gardner und Kevin Schwantz, die notfalls mit gebrochenem Handgelenk an den Start gehen und immer noch gewinnen konnten, zählten zu jener Spezies. Superbike-Fahrer Scott Russell ist vielleicht nicht ganz so weltberühmt, bricht als Instinktfahrer aber sämtliche Rekorde. »Ich zähle nicht zur Gattung von Analytikern wie Eddie Lawson, die ein Motorrad im Geist in jede Schraube zerlegen können. Ich liefere den Technikern nicht besonders viel Feedback«, räumte Scott Russell freimütig ein.

Doch wenn Motor und Fahrwerk halbwegs harmonieren und Russell richtig motiviert ist, kann er mit seinem angeborenen Feingefühl für den Gasgriff aus reiner Freude am Fahren unbezwingbar werden.

Und motiviert war Scott Russell bis unter die Haarspitzen. Neben dem glücklosen Suzuki-Jahr wurmte ihn die knappe Vorjahres-Niederlage, denn um als »Mr. Daytona« unsterblich zu werden, brauchte er unbedingt den vierten Sieg in dem Suppentopf-Oval.

Außerdem hatte er sich nach dem nachtblauen Porsche des Vorjahres wieder einmal ein neues Spielzeug gegönnt. Diesmal entschied sich Spontan-Einkäufer Russell für eine Harley-Davidson Fat Boy, die in den USA so gefragt ist, daß glückliche Käufer am Ziel einer langen Warteliste sofort 5000 Dollar Wiederveräußerungsgewinn erzielen können.

Weil der als verspielt bekannte Russell das Motorrad aber behalten wollte und sein Preisgeld fest zur Deckung der Unkosten eingeplant hatte, stieg seine Gier auf den Sieg ins Unermeßliche. »So funktioniert Scott tatsächlich. Vollkommen aus dem Herzen, immer mit voller Brust. Er wird im Rennen schwer zu schlagen sein«,

Fuhr sein eigenes Rennen: Doug Chandler, dem ein sicherer zweiter Platz hinter Russell wichtiger als alles andere war. Für ihn ging es 1997 schließlich um die US-Meisterschaft

schmunzelte sein früherer Arbeitgeber Rob Muzzy.

Sein Fahrer, der amerikanische Meister Doug Chandler, war neben Russells eigenem Teamkollegen Colin Edwards noch der gefährlichste Herausforderer. »Wir haben neue, selbstentwickelte Tuningteile. Das Motorrad läuft wie eine Rakete – und vor allem endlich besser als die alte Maschine von 1995«, verriet Muzzy. Doch Hoffnungsträger Doug Chandler gelang es nur für ein paar Runden in der Anfangsphase, den Anschluß an Russell zu halten. »Er kam dann beim Überrunden besser an den Nachzüglern vorbei«, seufzte Chandler. »Darauf habe ich mich entschlossen, an ihn keine weiteren Gedanken zu verschwenden und mein eigenes Rennen zu fahren. Denn im Gegensatz zu Russell geht's mir ja auch noch um den US-Titel. Immerhin habe ich mit Platz zwei die Tabellenführung übernommen«.

Die hatte bislang Eraldo Ferraccis Ducati-Team behauptet, wurde in Daytona aber schlimm aufgerieben. Schon im ersten Training machte das Team weniger durch gute Rundenzeiten als durch den Motorschaden von Nummer zwei-Fahrer Gerald Rothman auf sich aufmerksam. Auslaufendes Öl fing am glühendheißen Auspuff zu brennen

Und sie bewegt sich doch: Der amerikanische Motorrad-Journalist Chris Carr bewegte eine der Werks-Harley-Davidson, landete mit dem Unikum aber nur auf Rang 41

an, worauf Rothman die rollende Fackel geistesgegenwärtig in einen im Infield befindlichen Süßwassersee steuerte.

Mit Zeiten jenseits der 1.51 Minuten-Marke von Startplatz neun und zehn gestartet, verschwanden Rothman und Matt Mladin, der australische Star des Teams, im Rennen vergleichsweise unspektakulär von der Bildfläche: Beim einen spielte die Öl-, beim anderen die Benzinpumpe verrückt.

Die Herausforderer mit japanischer Technik hielten bis zum Ende durch und brachten die Plätze hinter dem großen Sieger ohne große Probleme, aber auch ohne Glanz und Gloria ins Ziel. Selbst der schnelle Colin Edwards blieb als Dritter unter den eigenen Erwartungen und denen seiner Fans. »In Runde drei ging mein Motor aus, ich mußte kurz durchs Gras. Danach habe ich alles versucht, Scott wieder zu erwischen, ruinierte aber meine Reifen«, jammerte der Texaner.

Und dann sagte er noch etwas, was auf seine Situation im Team gemünzt war, aber im Prinzip für alle galt, die bei den 200 Meilen von Daytona antraten. »Mit Scott Russell hier anzukommen und gegen ihn antreten zu müssen – das hat mich ein bißchen verunsichert...«

Erst sechs, dann fünf: So lautete die Platzanweisung für den Kanadier Pascal Picotte, der in Daytona auf einer von drei Werks-Suzukis angetreten war

»Ich will jetzt endlich nach Disney World in Orlando«: Nach einer Woche Daytona Bike Week hatte Doug Chandlers Sohn von Motorrädern wirklich genug

Aus dem Fahrerlager von Daytona

Auch **Freddie Spencer** gewann das Superbike-Rennen in Daytona viermal. Doch weil die schweren Viertakter bis 1984 nur zum Rahmenprogramm gehörten, steht der legendäre »Fast Freddie« nur einmal, nämlich 1985, in der offiziellen 200 Meilen-Siegerliste.
Weil **Scott Russell** außer dem zweifachen Sieger **Miguel Duhamel** keine aktiven Rivalen bei der Rekordjagd mehr hat, steht er mit seinen vier Daytona 200-Siegen auf lange Sicht, womöglich bis in alle Ewigkeit recht einsam da.
Seinen Tatendrang bremst das freilich keineswegs. »Ich bin längst noch nicht fertig. Ich komme für den fünften Sieg zurück«, kündigte Russell bereits den nächsten Daytona-Einsatz 1988 an.
Als kleinen Appetithappen zwischendurch will er sich die Superbike-Weltmeisterschaft 1997 genehmigen. »Jetzt gehen wir nach Australien, wachsen die Surfboards und bereiten uns am Strand auf die schnellen Ducati vor«, grinste er schelmisch. »Dann geht´s nach Europa. Das wird zwar härter werden, doch ich kann´s trotzdem nicht erwarten, bis wir dort unseren Schaden anrichten«.
Selbst eine Rückkehr zum Grand Prix-Sport schließt Russell nach seinem Jahr der Mißerfolge und Mißstimmungen bei Suzuki nicht aus. »Die Vorbereitung für die letzte Saison lief schief und paßte hinten und vorne nicht. In den Rennen war ich deshalb ein Schatten meiner selbst. Doch auch wenn es nicht so aussah, bin ich stets jener Siegfahrer geblieben, der ich vorher war. Deshalb würde ich gerne zu den Grand Prix zurückkehren,um der Welt zu beweisen, was in mir steckt«.
War Russell in Siegerlaune, so herrschten bei den deutschen Teilnehmern gemischte Gefühle. Den tollsten Erfolg neben **Ellie Bindrum** konnte der Pfälzer **Walter Hoffmann** verbuchen: 20 Jahre nach seinem letzten Daytona-Einsatz kehrte er zurück und landete in der BOT-Zweitaktklasse einen Überraschungssieg.
Mehr zu kämpfen hatte die Abordnung aus dem deutschen Harley-Davidson-Cup. Voller Verwunderung über die verdächtig kräftigen Motoren der Amerikaner buchte der Kölner **Herbert Mandelartz** als zweitbester Ausländer Rang zwölf, der vierfache deutsche Enduromeister **Paul Maria Listl** landete auf Platz 15. Mit mysteriösen Topspeedproblemen quälte sich der deutsche Cup-Sieger **Michael Stöcker** auf Rang 19, der Kölner **Thomas Marx** erreichte als 23. das Ziel.
Siegfried Güttner, Tester und Techniker der Zeitschrift MOTORRAD, fiel beim »Classic Days« 250 cm³-Grand Prix mit seiner Harley-Davidson-Aermacchi wegen Motorschadens aus, gewann dem Daytona-Trip aber trotzdem noch seine schönen Seiten ab.
Ein Machtwechsel vollzieht sich in der Supercross-Szene: Vorjahres-Sieger **Jeremy McGrath**, seit seinem einträglichen Wechsel von Honda zu Suzuki keineswegs mehr drückend überlegen, wurde nach einer Startkollision und einer aufreibenden Aufholjagd Dritter, den Sieg feierte Kawasaki-Star **Jeff Emig** vor Suzuki-Mann **Greg Albertijn.**

Einmal Rain Man, einmal Siebter: John Kocinski düpierte im ersten Rennen auf feuchter Piste den Rest der Superbike-Welt, doch im zweiten trockenen Umlauf mußte er anderen den Vortritt lassen

Doppel-Schlag

Mit einem Doppelsieg startete das Honda-Werksteam in die neue Saison, Kawasaki überraschte mit Podestplätzen und Ducati-Rückkehrer Carl Fogarty hatte Probleme

Am Sonntag als WM-Leader nach Hause zu fahren – das hätte sich John Kocinski nach dem Abschlußtraining nicht träumen lassen. Im Qualifying vermochte der Ami seinem Teamgefährten Aaron Slight nämlich nicht das Wasser zu reichen. Der Neuseeländer hatte sich die Pole gesichert und »Little John« um mehr als eine Sekunde distanziert. HRC-Chefentwickler Syhuhei Nakamoto hatte aber eine solide Erklärung für die mangelhafte Trainingsleistung seines neuen Schützlings parat. »Die Mechaniker haben bei der Abstimmung der Gabel einen Fehler gemacht. Kocinski kann nichts dafür«, vermerkte er nachdrücklich. Angeblich ließen zu geringe Feder- und Dämpfungsraten Kocinski den rechten Kontakt zum Vorderrad vermissen. Am Samstagabend war das Fahrtalent trotz Platz sieben in der Startaufstellung bester Dinge und wollte sich zu seinem 29 Geburtstag ein Geschenk machen. »Wir haben das Problem gelöst, und es wird morgen gut laufen«, machte er in Optimismus.

Weniger glücklich war Carl Fogarty mit der Situation auf Phillip Island (siehe auch Kolumne auf Seite 33). »In den langezogenen schnellen Kurven macht sich das Heck einfach selbständig. Es fehlt schlicht an Grip«, resümierte er über seinen fünften Trainingsrang. Nur zwei Zehntel langsamer als der zweifache Champion war dessen Teamkollege Neil Hodgson, der ähnliche Pro-

Jetzt rannten sie wieder: Aaron Slight (2), Simon Crafar (6), Teamkollege Akira Yanagawa und Carl Fogarty (beide verdeckt dahinter) boten wie alle anderen Piloten zum Auftakt eine Show vom Feinsten

Mit Problemen: Ducati-Rückkehrer Carl Fogarty verbuchte mit den Rängen zwei und vier insgesamt 33 Punkte und lag damit nach der ersten WM-Runde nur einen Zähler hinter Leader Kocinski

Ohne Fortune: Der erste Lauf im australischen Phillip Island wurde als Regenrennen gestartet. Kocinski, Fogarty, Crafar lautete schließlich der Zieleinlauf

Alles anders Down-Under: Als es bei uns endlich Frühjahr geworden war, blühte auf der anderen Seite der Erdkugel gerade der Herbst

bleme und außerdem ein schmerzendes linkes Handgelenk beklagte, das er sich bei einem Sturz Anfang 1996 gebrochen hatte, und das nicht korrekt verheilt ist.

Bester Stimmung war man hingegen bei Kawasaki. Allen Unkenrufen zum Trotz angesichts der eher verhaltenen Rundenzeiten während der Wintertests schnappten sich Akira Yanagawa und Simon Crafar die Startplätze zwei und drei. »Wir haben über den Winter viel gearbeitet«, freute sich der neue Teamchef Harald Eckl über die vorzüglichen Leistungen seiner Fahrer.

Gleichfalls zufrieden war auch Yamaha-Teamchef Davide Brivio, denn immerhin stand Colin Edwards mit Rang vier in der ersten Startreihe, und Scott Russell hatte am Freitag mit superschnellen Zeiten geglänzt, wenngleich er sich zum Abschluß mit Position acht zufrieden geben mußte.

Größeres Unheil schien indes über das Suzuki-Werksteams hereinzubrechen. Angesichts der Trainingsplätze 18 und 19 der Neuzugänge Mike Hale und Jamie Whitham muteten die Statements von Teamchef Lester Harris merkwürdig an. »Wir haben im Training viel probiert, und sind zuversichtlich, morgen besser auszusehen«, meinte er. Daß Peter Goddard seine Ansett Airfreight-Suzuki auf Startplatz neun stellte und mit Troy Bayliss und Steve Martin auf Platz zwölf und 13 zwei weitere Suzuki-Piloten vor der Werkscrew standen, schien er zu ignorieren.

Allein die unterschiedliche technische Aufbereitung der beiden Werks-Suzuki von Whitham und Hale dokumentierte die Schwierigkeiten, in denen das Team momentan steckte. Ein Motorrad war mit einer Schwinge mit stabilen Oberzügen und versteifendem Blechkasten bewehrt, wohingegen Maschine Nummer zwei mit einer höchst filigranen Schwinge ohne jegliches versteifendes Beiwerk ausgerüstet war. Wie FIM-Technikkommissar Steve Whitelock erklärte, werden zudem alle Superbikes dieses Jahr mit einer Homologationsnummer versehen, was wiederum Konsequenzen für die zu verwendenden Kitteile für die einzelnen Jahrgänge nach sich zieht. Im Klartext: Letztes Jahr durfte Suzuki wahlweise 39er oder 42er-Vergaser verwenden, bei der '97er-Maschine sind nur noch 42er erlaubt, was auf Strecken wie Phillip Island ein Nachteil sein konnte.

Prekär, wenngleich aus anderem Grunde, war die Situation auch für Pierfrancesco Chili, den viele im Vorfeld klar unter den Top-Fünf sahen. »Franky« bewahrte einmal mehr unfreiwillig sein Image des ewigen Pechvogels, rollte sich im Training ab, renkte sich die linke Schulter aus und fand sich so nur auf Startplatz elf wieder.

Sein fast schon traditionelles Pech blieb ihm auch sonntags treu. Im ersten, verregnetenUmlauf kam er gerademal eine Runde weit, bevor er sich auf dem schmierigen Kurs wie etliche seiner Kollegen in die Botanik verabschiedete. In die Liste der prominenten Sturzopfer reihte sich gleich am Anfang auch Neil Hodgson ein, der sich zunächst anschickte, John Kocinski, der sich vom Start weg auf und davon gemacht hatte, auf den Fersen zu bleiben. Als Flugschüler schrieb sich neben Honda-Pole-Setter Aaron Slight auch Scott Russell ein, der in Siberia-Corner in den Dreck rutschte, seine Yamaha aber wieder mobilisierte und am Ende doch noch Siebter wurde. Seinen Teamgefährten Colin Edwards erwischte es in Runde neun, und die Suzuki-Mannschaft eliminierte sich angeführt von Goddard und Whitham in Runde eins sowie Hale in der siebten Runde fast vollständig. Einer verhinderte die komplette Blamage für Suzuki: Troy Bayliss konnte die Nässe nichts anhaben – er wurde Fünfter.

Ungefährdet und praktisch nach Belieben umrundete John Kocinski, dessen Honda mit einem Integralbremssystem sowie einer Einspritzung mit je einer zusätzlichen Düse oberhalb der Ansaugtrichter ausgerüstet war, Runde für Runde den schlüpfrigen Kurs, und

Yamahas Dreck-Star: Scott Russell schlitterte im ersten Rennen zunächst in Australiens rote Erde, um aber schließlich trotzdem Siebter zu werden

während die Konkurrenz fast durchweg mit Slides kämpfte, zog er scheinbar mühelos seine Bahn. Im Ziel hatte er über 15 Sekunden Vorsprung auf Foggy, der ein einsames Rennen fuhr. »Als der Asphalt abtrocknete, bekam ich mehr und mehr Probleme mit den Reifen«, beklagte sich der Brite, und Teamchef Virginio Ferrari war in Anbetracht der Umstände denn auch zufrieden. »Der neue 996er-Motor mit den 60er-Drosselklappen setzt beim Beschleunigen härter ein und ist im Nassen deshalb nicht einfach zu fahren«, erklärte er.

Die guten Trainingsresultate bestätigten Simon Crafar und Akira Yanagawa im ersten Rennen mit einem dritten und vierten Platz, und Simon Crafar brachte die Meinung der Piloten bei der Pressekonferenz auf den Punkt. »Ich glaube nicht, daß irgendjemand großen Spaß hatte. Es war so rutschig«, sagte der Neuseeländer, und Kocinski sprach gar »von den schlechtesten Bedingungen«, die er je erlebt habe.

Einer aber rieb sich nach dem ersten Umlauf, der vor allem auch durch den schleichenden Ölverlust einer privaten Kawasaki zur Sturzorgie geworden war, die Hände. Andy Meklau, im Training jenseits von Platz 20 notiert und »seit mehr als einem Vierteljahr nicht mehr auf einem Motorrad unterwegs«, wie er sagte, aktivierte sein Regentalent und landete als zweitbester Ducati-Pilot sensationell auf Rang acht. »Besser hätt's net kommen können«, frohlockte sein Cheftechniker Charly Putz, der die Ducati erst am Sonntag vor dem Rennen zusammengebaut hatte

Sympathischer Pechvogel: Pierfrancesco Chili kam im ersten, nassen Umlauf nur eine Runde weit, nachdem er sich im trockenen Training via Sturz die linke Schulter ausrenkte

und sollte sich doch irren. In Umlauf zwei, der bei strahlendem Sonnenschein auf trockener Piste ausgetragen wurde, bewies Andy Meklau auch auf Slicks Stehvermögen und ergatterte mit Rang 15 weitere WM-Zähler, die ihn auf Platz zehn der Tabelle hievten.

Einen weiteren Glückmoment erlebte die Kawasaki-Crew, für die Crafar erneut als Dritter auf's Podest fuhr, wenngleich ein spektakulärer Abflug Yanagawas, zu diesem Zeitpunkt mit Fogarty im Clinch, kurz den Atem stocken ließ. Der Japaner mußte den Ausflug ins Grün glücklicherweise nur mit einer eingegipsten Hand bezahlen.

Um den Sieg kämpften bis zum Schluß Slight und Edwards, wobei der Texaner einige Runden vor Ende sogar leicht davonzog und bereits wie der Sieger aussah. In der letzten Runde eingangs der Gardner-Straight zog Slight aus dem Windschatten vorbei und machte damit wahr, was er TV-Kommentator Barry Sheene angedroht hatte: »Ich werde allen eine Fahrstunde erteilen.«

Fogarty indes blieb nur der vierte Rang, denn sein Hinterreifen verlor stückweise Gummi. Leicht zerknirscht saß der Ex-Champion in seiner Box, obwohl er eigentlich hätte zufrieden sein können. »Wir haben nur einen Punkt verloren und sind WM-Zweiter«, freute sich Teamchef Virginio Ferrari. »Den Punkt verloren wir ausgerechnet an deinen besten Freund«, retournierte Foggy und meinte damit Kocinski, der sang- und klanglos auf Position 7 einlief, sich damit aber die WM-Führung sicherte.

FM
13
DUCATI
HPG
promotion
REMUS
MICHELIN

So a Freud': Andreas »Meki« Meklau saß nach einem Vierteljahr wieder auf einem Motorrad und ergatterte – als gäb's nichts leichteres – elf WM-Punkte. Machte Rang zehn im Klassement nach Australien

»Du Aaron, warum läßt Du Dir Deine Haare so komisch schneiden«, fragte Interviewer Barry Sheene auf Phillip Island nach. Slight blieb die Antwort schuldig, kam fortan aber zu jeder WM-Runde mit einer geänderten Haarpracht

Foggy: »Wir hatten Probleme«

Ducati hat über den Winter einiges entwickelt, wie etwa die neue 996er-Motorvariante mit den 60 Millimeter großen Drosselklappen-Bodies oder etwa die leichtere Hinterradschwinge aus Magnesium (Gewichtsersparnis ca. 1 kg, Anm.d.Red.). Wir haben ja im Winter auch hier in Australien getestet, und deshalb waren wir etwas überrascht, als wir jetzt wieder nach Phillip Island gekommen sind. Irgendwie scheint die Strecke an Grip verloren zu haben.

Im Training hatte ich vor allem in den schnellen kurvigen Streckenabschnitten erhebliche Probleme mit der Heckpartie des Motorrades. Wir haben dann zwar getan was wir konnten, um Grip zu finden, aber eine vollkommen zufriedenstellende Lösung haben wir nicht erreicht. Entsprechend mußte ich mit der zweiten Startreihe zufrieden sein, und so gesehen bin ich mit dem Ergebnis dieses Wochenendes, als WM-Zweiter nach Hause zu reisen, natürlich auch nicht unzufrieden.

Was das erste Rennen angeht, so war ich froh, als es endlich vorbei war. Es war eine derartige Rutschpartie, und bereits nach wenigen Runden lag fast überall irgendein demoliertes Motorrad. Ich sagte mir nur »Durchkommen« und war darauf bedacht, den zweiten Platz nach Hause zu fahren. Zwischendurch hat mich dann noch das Getriebe irritiert. Ich dachte, der Schaltautomat sei kaputt und habe ihn abgeschaltet. Dann habe ich aber festgestellt, daß er doch funktioniert und ihn wieder eingeschaltet.

Im zweiten Durchgang gab's dann wieder ähnliche Probleme wie im Training. Wir wissen noch nicht genau, ob es am Reifen, an der Abstimmung von Federung und Dämpfung oder an der geometrischen Einstellung der Heckpartie liegt. Darauf werden wir in den nächsten Wochen das Hauptaugenmerk bei unserer Testarbeit legen.

Trotz Problemen nicht unzufrieden: Carl »Foggy« Fogarty, der Superbike-Weltmeister der Jahre 1994 und 1995, der nach einem Jahr bei Castrol Honda zum Ducati-Team von Virginio Ferrari zurückkehrte

Lokalmatador in Misano: Nicht nur im trockenen Training, sondern vor allem im Regen bewies Pierfrancesco Chili seine Klasse. Sieg für ihn im ersten Lauf, zweiten Durchgang allerdings mit Elektrikschaden beendet

Punktsieger

Mit der Strategie »Ankommen« in der Regenschlacht von Misano und einem Laufsieg in seiner englischen Heimat jagte Carl Fogarty John Kocinski die WM-Führung ab. Doch Aaron Slight und Simon Crafar bewiesen, daß 1997 mit den Vierzylindern zu rechnen ist

Freitag schön, Samstag schön, Sonntag Regenreifen nicht vergessen. So lautete die Wettervorhersage in Misano für das erste europäische Superbike-WM-Wochenende im April, und allen Stoßgebeten von Fahrern und Fotografen zum Trotz sollte sie ausnahmsweise auch stimmen.

Pünktlich am Sonntagmorgen setzte heftigster Landregen ein, verwandelte den Kurs an der Adria in ein Eldorado für Friesenpelz-Fetischisten und zwang die Motorrad-Akteure, in eng anliegenden Gummihäuten und auf superweichen Regenpneus auszurücken.

In der ersten Startreihe standen mit Pole-Setter Akira Yanagawa und Teamkollege Simon Crafar auf Rang drei gleich zwei Kawasaki-Piloten. Dazwischen hatte sich Lokalmatador Pierfrancesco Chili auf der Gattolone-Ducati gequetscht. Sein Markenkollege Fogarty stand auf vier, in der zweiten Reihe folgten die beiden Werks-Honda mit Slight und Kocinski sowie Yamaha-Pilot Scott Russell und Misano-Kenner Piergiorgio Bontempi.

Apropos Russell. Der Amerikaner ließ sich erst am Samstagmorgen auf der Rennstrecke blicken, »weil er«, so Yamaha-Pressesprecher Mark Hodgson offiziell, »mit seinem Porsche auf dem Weg zum Flughafen in den USA zu schnell gefahren war und ihn die Polizei kassierte.« Allerdings hält sich hartnäckig das Gerücht, daß »Nachwehen« eines exzessiven Festes der Grund für seine verspätetete Anreise gewesen seien. Wie auch immer – Scottie genügte das zweite Zeittraining, um sich mit Startplatz sieben immerhin drei Plätze vor Teamgefährte Colin Edwards zu qualifizieren.

Nicht unter den Top Ten war das Suzuki-Team mit Mike Hale als Elftem und Jamie Whitham auf Position zwölf. »An Power mangelt es nicht, aber wir haben Fahrwerksprobleme«, hieß es aus Suzuki-Kreisen.

Im ersten Rennen war es Yanagawa, der als Bester wegkam und sofort 50

Wasser Marsch: So sieht es aus, wenn im total verregneten Misano-WM-Lauf die Superbikes nach dem Start in die erste Rechtskurve einbiegen. Nichts für schwache Nerven

Meter Vorsprung auf seine Verfolger Bontempi, Russell, Fogarty, Edwards, Slight und Chili herausfuhr. Allerdings blieb dem sympathischen Japaner das Glück des Flüchtigen nicht lange treu – wenige Sekunden später glitt er auf der Schmierseifen-Piste aus. Besser machte es Simon Crafar, der in Runde zwei zunächst nur auf Rang neun notiert wurde, sich aber beständig bis auf Platz fünf vorarbeitete. »Mehr war nicht drin. Die Dunlops hinken den Michelins im Regen hinterher«, erklärte der Neuseeländer (siehe Kolumne S. 41)

Daß Michelin das Maß der Dinge im Regen ist, schien indes Russell zu widerlegen. Bis zur vorletzten Runde preschte er hinter dem führenden Chili her und unterhielt die 10000 dem Regen trotzenden Zuschauer bis dahin mit spektakulären Slides. Ausgangs einer Linkskurve übertrieb es der Ami aber und versenkte sich und die Werks-Yamaha mit reichlich Überschußspeed in den Strohballen. Das spülte Kocinski auf Platz zwei vor Foggy und Slight.

Anlaß zu heftigen Diskussionen gab angesichts der erneut auftrumpfenden Werks-Hondas das »Racing CBS«, Hondas Integral-Bremssystem. Ähnlich wie beim Serienmodell CBR 1100 XX wird bei Betätigung der Vorderradbremse die Bremse am Hinterrad mit aktiviert.

Allerdings besteht zwischen beiden keine hydraulische Kopplung, sondern ein Sensor regelt die Ansteuerung. Dabei läßt sich die Bremskraft hinten über ein Regelventil stufenlos justieren, und zudem unterscheidet das System sehr harte Anbremsmanöver mit schnellem Zug am Bremshebel von weich und langsam dosierten. Ergebnis: Beim harten Anbremsen werden zwei der vier Kolben des hinteren Bremssattels mit aktiviert, beim weichen Bremsen wirkt nur die Vorderradbremse.

Im Rennen fiel auf, daß Slights RC 45 bei Bremsmanövern weit weniger sirrende Geräusche als die Maschine von Kocinski von sich gab, was neugierig machte. Wie sich herausstellte, fuhr Slight wie üblich mit 320 Millimeter-Bremsscheiben im Vorderrad, wohingegen Kocinski bereits ab Freitag mit kleineren 290er-Pendants unterwegs war. »Um die Handlichkeit beim Einlenken und in Wechselkurven zu verbessern«, wie ein Honda-Sprecher erklärte. Einen weiteren Vorteil hatte der Amerikaner mit den kleineren Scheiben freilich im

Der Mann in Donington: Aaron Slight pilotierte die Werks-Honda RC 45 im ersten Durchgang der englischen WM-Runde auf den obersten Podestplatz

Foggy, der Punktesammler: Zweimal Dritter in Misano, einmal Zweiter sowie Sieger in Donington. Das sicherte Carl Fogarty zunächst die WM-Führung

Regen, da sie heißer werden, nicht so rasch auskühlen und damit das Ansprechverhalten verbessern.

Wie gut Kocinski, der sich demnächst in Stuttgart übrigens einen AMG-Mercedes SC 60 kaufen will, und die RC 45 im Regen harmonieren, unterstrich auch der zweite Durchgang. Zwar kam Little John nur als Achter weg, doch bereits in Umlauf fünf notierten wir ihn auf Platz zwei hinter Chili und vor Russell, der den besten Start erwischt hatte. Bis zur elften Runde schien es, als könne Chili Kocinski auf Distanz halten, doch dann schlug der »Elektrolurch« zu, Kocinski passierte, und Chili rollte zwei Runden später mit Wassereinbruch in der Elektronik aus. Slight komplettierte den Honda-Erfolg mit Platz zwei, Fogarty, der »nur auf Ankommen« fuhr, sammelte mit dem dritten Platz weitere wichtige Zähler im Kampf um die WM, und sein britischer Teamkollege Neil Hodgson freute sich nach Platz sieben im ersten Lauf über Position vier direkt hinter Lehrmeister und Nachbar Foggy. Als Fünfter lief Yanagawa ein, der diesmal vor Russell, Crafar sowie Edwards sichere Punkte holte.

Ein noch desaströseres Bild als im Training spiegelte das Suzuki-Werksteam im Rennen wider. Weder Hale noch Whitham sahen die Zielflagge im ersten Umlauf, und im zweiten vermochte sich Hale nur auf Rang zwölf, hinter dem britischen Ducati-Privatier James Haydon, einzufinden. Versöhnlich stimmte lediglich, daß es Whitham im ersten Durchgang dank immensen Feingefühls schaffte, in Runde sechs kurzzeitig auf Platz drei notiert zu werden und sich bis zur zwölften Runde immerhin auf Rang fünf sehen zu lassen. Dann wurde auch er wie so viele ein Opfer der schmierigen Verhältnisse auf der Piste. Foggy brachte es zum Abschluß auf den Punkt: »Ich bin froh, daß es vorbei ist, und ich glaube nicht, daß heute irgendjemand Spaß hatte.«

Von Spaß konnte auch in der Supersport Worldseries keine Rede sein, obwohl gerade einige deutsche Fahrer sich in den Trainingsläufen wacker gegen die Armada der italienischen Lokalmatadore behaupteten. Allen voran stellte Bernhard Schick seine Ducati auf Startplatz fünf, Thomas Körner war 13., Volker Bähr 29. und Peter Koller 30.. Im Rennen jedoch forderte der Regen erneut Opfer. PS-Kolumnist Körner stürzte gleich in Runde eins, hob die Maschine aber wieder auf und startete eine sehenswerte Aufholjagd vom Ende des Feldes bis auf Rang sieben. Dann stürzte der Leinzeller erneut – Rennen für ihn vorbei. Ähnlich erging es den anderen Deutschen, bis auf Peter Koller. Der hatte 15 Minuten vor dem Start noch Bedenken und meinte »Ich will nur sitzen bleiben«. Tat er auch und wurde mit Platz zehn belohnt.

Japanischer Wunderknabe: Akira Yanagawa fuhr zum ersten Mal auf dem winkligen Kurs von Misano, was ihn aber nicht daran hinderte, den grünen Vierzylinder auf Startplatz Eins zu stellen

Erwartungsgemäß siegte mit Massimo Meregalli zwar ein Italiener, doch dahinter folgten mit Stéphane Mertens, der nach dem Start nur 15. war, sowie Michael Paquay zwei Belgier. Pole-Setter Paolo Casoli sah wie 19 andere Konkurrenten das Ziel nicht – nur 16 kamen schließlich durch.

Ebenfalls stark dezimierte sich das Feld im Supermono Cup. Elli Bindrum etwa konnte ihren im Training herausgefahrenen fünften Startplatz nicht nutzen – Sturz in der Warm Up-Runde und keine Zeit mehr für die Reparatur. Mehr Glück hatte ihr MuZ-Teamgefährte André Friedrich. Zwar stürzte er im Rennen ebenfalls, doch vermochte er dennoch Platz drei vor Frank Schüller und Wolfgang Melchinger herauszufahren. Das deutsche Festival komplettierte Manfred Kehrmann, der mit drei Sekunden Rückstand Zweiter wurde. Nicht zu schlagen war Makoto Suzuki auf Yamaha.

Bei der dritten Superbike WM-Runde in Donington teilten sich Slight und Fogarty die Ehren an einem Rennsonntag, der von einer wiedererstarkten Ducati-Dominanz geprägt war. Slight war der einzige Vierzylinder-Pilot in der ersten Reihe, und lediglich der interne Wettstreit der Werks-Ducatisti verschaffte ihm im ersten Rennen eine Siegchance. Fogarty's Antwort im zweiten Durchgang, den er klar dominierend gewann, war für die Vierzylinderfraktion allerdings Warnung vor dem, was zukünftig kommen dürfte.

Neil Hodgson beendete das Abschlußtraining für sein Heimrennen auf der Pole Position, ein Zehntel schneller als der Rest der ersten Startreihe. Weniger als eine Hundertstelsekunde trennte dagegen Slight vom Drittschnellsten Fogarty, und Chili lag wiederum nur drei Hundertstel hinter dem Weltmeister von '94 und '95.

Die zweite Startreihe teilten sich Yamaha und Kawasaki. Alle vier Piloten kämpften das ganze Wochenende über mit Traktionsproblemen. Auf Startplatz fünf stand Crafar, gefolgt von Russell sowie Edwards und Yanagawa, die beide bis auf die Tausendstelsekunde dieselbe Zeit erzielten. Möglich, daß Yanagawa sich im Training noch gesteigert hätte, doch als die Sorgen, daß es möglicherweise regnen könnte, zunahmen, beeilten sich alle Piloten, noch eine möglichst schnelle Zeit auf den Asphalt zu brennen – auch Yanagawa. Bei diesem Vorhaben stürzte er ausgangs der »Old Hairpin« schwer, und Teamchef Harald Eckl sagte später: »Auf dem Data Recording haben wir gesehen, daß er versucht hat, schneller und härter zu fahren. Wahrscheinlich etwas zu früh. Er hat sich den Kopf angeschlagen, und die Chancen, daß er fährt, stehen 50-50.« Wegen einer Gehirnerschütterung war er am Rennsonntag nicht dabei.

Nicht dabei war auch Jochen Schmid, der seine Sturzblessuren aus dem Zweibrücken-Training auskurierte. Einzige DM-Vertreter waren deshalb Zweibrücken-Sieger Gregorio Lavilla und Christer Lindholm, der im Training 14. und im ersten Rennen Zwölfter wurde. In Umlauf zwei mußte er wegen defekter Kupplung passen. Lavilla wurde zweimal 13.. Der einzige deutsche Fahrer, Anton Gruschka, holte sich mit Rang 21 im ersten und Platz 18 im zweiten Durchgang seine ersten EM-Punkte, nachdem er in Misano zweimal gestürzt war. Sein Konzept für 1997: »Warum soll ich das Kasperltheater in der DM mitmachen, wenn ich als Starter bei allen europäischen WM-Läufen die Chance habe, Europameister zu werden«. Das hatte durchaus etwas, und in Donington war er jedenfalls bester EM-Pilot.

Freud' und Leid: Thomas Körner ereilte in der Supersport Worldseries in Misano das Sturzpech, dafür reichte es in Donington hinter Paolo Casoli zum zweiten Platz

Kocinski startete aus der vierten Reihe zusammen mit Bontempi, Niall Mackenzie auf einer Yamaha sowie Whitham, der mit der Suzuki größte Probleme hatte, obwohl er den Kurs sehr gut kennt. Sein Teamkollege Hale lag gar nur auf Startplatz 19.

Vom Start weg übernahm Hodgson die Führung, war aber ständig unter Druck seitens Fogarty und Chili. Wie auf Schienen machten sich die drei Werks-Ducatisti auf und davon, und bald klaffte eine Lücke zwischen ihnen und dem Verfolgerpulk, bestehend aus Edwards, Slight und Crafar. Bei Halbzeit gelang es Slight, zu den drei Twins aufzuschließen und sogar Chili und Hodgson mit Leichtigkeit zu überholen. Als er hinter Foggy herjagte, wollte sich Chili Hodgsons entledigen, doch der Engländer machte ihm das Leben schwer. Chili beschrieb das folgendermaßen: »Mein Motor war nicht so stark wie üblich und ich versuchte alles, so spät wie möglich zu bremsen, um Neil zu überholen. Doch er war schneller und überholte mich wieder, war aber nicht imstande, Carl zu erreichen. Da versuchte ich noch mehr, hatte aber schon kein Gefühl mehr in meiner rechten Hand vom harten Bremsen, und stürzte, als mir das Vorderrad wegging.« Hodgson bezahlte den Preis, seinen Teamgefährten Fogarty zu verteidigen, indem er anschließend noch von Crafar aufgeschnupft wurde.

Slight erwischte Foggy schließlich, und es gelang ihm sogar, ihn auf Distanz zu halten. »Ich hatte meinen üblichen schlechten Start, aber ich überholte Mann für Mann. Zum Schluß war mein Reifen aber fertig – doch das Problem hatten die Kollegen auch«, erzählte der Neuseeländer. Fogarty stimmte zu, fügte aber an, daß seine Ingenieure einen entscheidenden Fehler gemacht hatten. »Wir hatten zwei Maschinen. Eine für trockenes und eine für feuchtes Wetter. Ich saß auf der für feuchtes Wetter – doch es war trocken«, bemerkte der Ex-Champion achselzuckend.

Im zweiten Durchgang gelang es dem im ersten Umlauf lediglich Zehntplazierten, John Kocinski, zumindest in der Anfangsphase in der Spitzengruppe mitzumischen. Doch wieder waren es die drei Ducatisti, die sich davon machten, gefolgt von Slight. Der Neuseeländer ärgerte die drei Zweizylinder-Piloten eine Weile, doch nach 15 Runden machte »King Carl« ernst und legte eine Pace vor, die keiner seiner Konkurrenten zu halten vermochte. Dahinter fochten Chili und Slight um die Plätze, wobei der Italiener das bessere Ende für sich hatte.

Fogarty holte sich seinen 40. Sieg in der Superbike-WM, und dieser könnte gleichzeitig der Startschuß für eine neuerliche Dominanz des Briten in der Superbike-WM gewesen sein. Seinem Kommentar zum Wochenende entnahm man jedenfalls Zuversicht: »Ich dachte, das klappt niemehr. Dieses Jahr war's bisher sehr schwer, auch wegen des Wetters. Aber ich bin das ganze Wochenende mit dem Elektronik-Ingenieur zu-

Einstand nach Maß: Für Supersport-Neuling Peter Koller kam der zehnte Rang beim Auftaktrennen in Misano wie gerufen. Er war dort bester Deutscher

sammengesessen, und wir haben das Bike auf mehr Drehzahl abgestimmt. Der Motor dreht jetzt viel höher, aber das Schwierige ist, daß man die Power aus den langsamen Ecken heraus auch braucht. Es ist ein wenig wie 1996 mit der Honda – aber langsam kommen wir zusammen.«

Zusammen kamen in Donington auch zwei, die eine ganze Weile getrennt waren. Katja Poensgen bestritt nach ihrem schweren Unfall in Spanien im letzten Jahr ihr erstes Rennen auf der Baindl-Suzuki. »Im Training war sie nur 13. wegen eines technischen Problems«, sagte Vater Bert Poensgen, und im Rennen streikte nach zwei Runden die Elektronik. Dennoch: Schön, daß sie wieder dabei ist. Gewonnen hat wie in Misano der Japaner Suzuki, gefolgt von Friedrich, Steve Ruth und Bindrum.

Gleichfalls erfolgreich zogen sich die deutschen Piloten in der Supersport Worldseries aus der Affäre. PS-Kolumnist Thomas Körner ergatterte in der letzten Runde sogar noch Rang zwei, nachdem Stéphane Mertens Schlangenlinien fahrend um die letzten Benzinbestände in seinem Tank kämpfte. Lichtblicke auch aus dem deutschen Supersport-Nachwuchslager: Jörg Teuchert, in Donington erstmals unter PS-Flagge unterwegs, fuhr nach Startplatz fünf und anfänglichem Absturz auf Platz 18 sowie einem späteren Fight mit Peter Koller einen tollen neunten Rang heraus. Pech jedoch für Koller – Ausfall mit technischem Defekt.

Dominiert wurde das Rennen aber einzig und allein von Paolo Casoli, der Körner um sage und schreibe 28,279 Sekunden hinter sich ließ. Allerdings profitierte er in der Anfangsphase vom Sturz Fabrizio Pirovanos, der sich in »Kraners Curve« spektakulär verabschiedete und mit Verdacht auf Knöchelbruch sowie Gehirnerschütterung in's Krankenhaus kam.

Getrennte Wege auf der Rennstrecke, privat auf einer Linie: Supersport Worldseries-Pilot Berhard Schick und European Supermono-Fahrerin Elli Bindrum

Super auf der Mono: Manfred Kehrmann scheuchte die BMR-Suzuki hinter dem späteren Europameister Makoto Suzuki in Misano auf Platz zwei

Simon Crafar: »Das Wetter war gegen uns«

Falls es am Sonntag in Misano regnen würde, das wußte ich schon am Sonntag, würde alles sehr schwierig werden. Die Dunlop-Regenreifen sind momentan einfach nicht so gut wie die von Michelin. Ich wollte in Misano eigentlich gewinnen, aber das Wetter war gegen mich und meinen Teamkollegen. Wir hofften, hier in Misano einige Punkte auf die Konkurrenz herausfahren zu können – es hat aber leider nicht geklappt.

Donington wiederum war ein ganz guter Maßstab. Du brauchst dort auf bestimmten Streckenabschnitten Leistung, und woanders ist ein gutes Handling gefragt. Über das Ergebnis bin ich nicht enttäuscht, wenngleich ich natürlich Rennen gewinnen möchte. Aber wir haben vorher ja in Donington nicht getestet. Für die beiden nächsten Rennen auf den Highspeed-Strecken in Hockenheim und Monza hoffen wir auf stärkere Motoren.

Schwäbisch-belgisches Dream-Team: Peter Rubatto (li.) und Supersport World-series-Pilot Stéphane Mertens. In Donington kam Mertens infolge Spritmangels gerade noch auf Platz drei

Thomas Körner: »Champagnerdusche tat gut«

In Misano warf am Sonntag das Wetter alles über den Haufen. Als im Warmup dann Regentropfen auf mein Visier knallten, sagte ich mir, »Na gut, dann aber bitte richtig«. Petrus erhörte mich, und im kurzfristig angesetzten Regen-Warm Up zeigte sich, daß diese Verhältnisse nicht von Nachteil für mich sein sollten – ich fuhr die schnellste Zeit. Leider kam ich beim Start gar nicht weg und mußte auf der total glatten Strecke gleich in der ersten Runde zu Boden. Der Sturz war harmlos, und so machte ich mich an die Verfolgung und war in der neunten Runde bereits wieder Siebter, als ich wieder stürzte. Jetzt war aber an Weiterfahren nicht mehr zu denken. Ein kleiner Trost war, daß bis auf Meregalli alle anderen Favoriten auch ausfielen, und so fingen in Donington fast alle wieder bei Null an. Meine Tuner Stefan Semmler und Michi Seeber haben ihre Hausaufgaben gut gemacht, denn in Misano fehlten uns noch rund zehn km/h Topspeed. Dennoch war es keine Spazierfahrt, denn Donington ist ein harter Kurs, und so wechselten wir eifrig Federbeine und Übersetzungen. Startplatz drei entschädigte wirklich für diese Mühe. Lediglich mein Markengefährte Paolo Casoli ist momentan eine Welt für sich. Die erste Champagner-Dusche auf dem Podest tat schließlich mir und meinem Team gut, denn der Erfolgsdruck ist doch irgendwo spürbar. Auf das nächste Rennen am Sachsenring freue ich mich nun wirklich, die Begeisterung dort ist toll, und es ist unser erster DM-Auftritt. Davon und vom Heimspiel in Hockenheim berichte ich beim nächsten Mal.

Ein Brite im Pech: Neil Hodgson bewies in Hockenheim zwar, daß er mit den Schnellsten im Feld mithalten kann, doch mit den Rängen sechs und acht verkaufte er sich weit unter Wert

Andere Zeiten...

...in der Superbike-WM brachen Anfang Juni in Hockenheim an. Vor einer tollen Zuschauerkulisse düpierte Kawasaki erneut die Konkurrenz im Training, Neil Hodgson probte die Wachablösung Carl Fogartys, und Suzuki fuhr erstmals auf's Podest

Größer hätte die Spannung vor der vierten Runde der Superbike-WM in Hockenheim nicht sein können. Mit 319 km/h unter reichlich Rückenwind wies der letztjährige Pole-Setter Pierfrancesco Chili seine Werks-Ducati als schnellstes Motorrad im Feld aus. Dicht gefolgt von den beiden Werks-Hondas, den anderen Werks-Ducati sowie den mit neuen Motoren mit Stirnradantrieb für die Nockenwellen ausgestatteten Werks-Suzuki. Gleichzeitig bewiesen Simon Crafar und Akira Yanagawa aus Harald Eckls Kawasaki-Werksmannschaft aber, daß Topspeed nicht alles und ein gutes Fahrwerkssetup unter Umständen mehr wert ist. Pole-Position damit für den Neuseeländer, gefolgt von seinem japanischen Kollegen.

Damit standen die Fragen für's Rennen fest: Würde Kawasaki die mit superweichen Dunlop-Qualifiers erreichten Zeiten näherungsweise auch im Rennen erreichen, schlägt möglicherweise John Kocinski, der den Trainingsfreitag dominiert hatte, zusammen mit Honda-Teamgefährte Aaron Slight zu, oder würde, wie im vergangenen Jahr, Fogarty mit einer Energieleistung einen Sieg schaffen?

Kurz vor dem Zieleinlauf im ersten Durchgang: Mit 35 Tausendstelsekunden rettet sich Aaron Slight (2) vor seinem Teamkollegen John Kocinski (3) durch's Motodrom ins Ziel

Geschichtsträchtige Sport-Arena: Das Hockenheimer Motodrom, kurz vor der Superbike-WM-Runde aus der Luft fotografiert

Nun, an diesem Rennsonntag bekamen die 37000 Rennbegeisterten als Antwort von allem ein bißchen und von manchem etwas mehr. Im ersten Durchgang ging Crafar, der wie Yanagawa neue Leistungsteile und aerodynamisch optimierte Abdeckblenden für die Lufteinlässe bekam, vor seinem Teamgefährten in Führung, wurde aber nach sieben Runden wegen einer gebrochenen Ölsteigleitung gestoppt. Auf weitgehend ungefährdeter Siegesfahrt befand sich derweil Honda-As Slight, der zunächst einen leichten Vorsprung herausfuhr, gegen Ende aber von Markengefährte Kocinski attackiert wurde. Mit nur drei Zehntelsekunden Rückstand rettete der Kiwi sich in's Ziel – der Doppelsieg war perfekt.

Zur Überraschung vieler folgte auf Platz drei nicht etwa ein Ducati-, sondern mit Scott Russell ein Yamaha-Pilot. Der Amerikaner stand zum ersten Mal in diesem Jahr auf dem Podest und meinte »Heute konnte ich mit den Hondas mithalten, doch nach dem Start war die Lücke bereits zu groß, um sie schließen zu können. Für's zweite Rennen habe ich aber nun mehr Vertrauen.«

Wenig erbaut über seine tolle Aufholjagd und den zweiten Platz war indes »Little John«. Der kleine Mann aus Arkansas haderte mit sich und der Welt: »Ich habe nun hier an diesem Wochenende das mit Abstand beste und schnellste Motorrad, bin hinausgegangen, um zu gewinnen und habe irgendwie total verwachst. Ich bin sehr enttäuscht«, klagte er.

Leises Wehklagen drang auch aus den Ducati-Boxen. Nach wie vor bereitet den Werks-996 die Gewichtsbalance Probleme sowie die harmonische Abstimmung zwischen Front- und Heckpartie. Daran änderten auch die neuen Öhlins-Gabeln nichts, die Fogarty, Neil Hodgson sowie Chili für die deutschen Läufe erhielten. So mußten sie gerademal mit den Rängen vier, fünf und sechs zufrieden sein.

Für das Suzuki-Werksteam um Chef Lester Harris sprang ein neunter Platz für Mike Hale und Rang 14 für Jamie Whitham, dessen Motor kränkelte, heraus. Zufrieden konnte hingegen

Glück gehabt: Im Training verabschiedete sich Suzuki-Mann Jamie Whitham eingangs der Sachskurve ins Kiesbett. Im Rennen wurde er 14. und einmal Dritter

Andreas Meklau sein, bei dem nach dem Abtauchen seines tschechischen Sponsors HPB der österreichische Ducati-Importeur sowie Red Bull in die Bresche sprangen. Das Mini-Team, das Meklau gemeinsam mit Motoren-Spezialist Charly Putz leitet, freute sich über Platz zehn. Erfreulich aus deutscher Sicht: Jochen Schmid auf Rang 13 und Udo Mark auf Platz 15.

In Umlauf zwei führte Hodgson bis zur vorletzten Runde vor Yanagawa, Fogarty und Whitham, und eine kleine Sensation, sprich der erste Sieg für den 23jährigen Engländer, lag in der Luft. Als Kawasaki-Pilot Yanagawa auf der Waldgeraden aber kurzzeitig die Führung übernahm, wurde der junge Brite nervös, und als schließlich auch noch Foggy in das Geschehen um den Sieg eingriff, lagen seine Nerven in diesem Moment offenbar vollends blank. Bei der Einfahrt ins Motodrom versuchte er um jeden Preis Foggys frisch gewonnene Führung zurückzuerobern, touchierte ihn in der schnellen Rechtskurve und bremste dann vor der Sachskurve etwas später als im letzten Moment. Ein weiter Bogen entlang des Kiesbettes und den Strohballen sowie ein achter Platz waren die Folge seines Manövers – und King Carl schaffte mit seiner schnellsten Zeit in der allerletzten Rennrunde die Wiederholung des Vorjahresergebnisses: Sieg im ersten Durchgang für Slight, der zweite Umlauf ging an ihn.

Yanagawa, nach wie vor durch seine Verletzung an der linken Hand gehandicapt, wurde Zweiter, und Jamie Whitham lief auf Rang drei ein. Die Yamaha-Piloten Russell und Colin Edwards folgten auf den Plätzen vier und fünf, Pole-Setter Crafar, der mit einem etwas schwächeren Triebwerk Vorlieb nehmen mußte, erkämpfte Platz sechs vor Chili. Direkt hinter dem Unglücksraben Hodgson vermochte sich Schmid auf Platz neun abermals gut in Szene zu setzen vor Meklau, der nun auf Position 12 der Punktetabelle rangiert. Kuriosität im hinteren Mittelfeld: Udo Mark stritt das ganze Rennen über mit John Kocinski. Mark wurde schließlich nochmals 15., der rothaarige US-Boy

Herzlichen Glückwunsch, Simon: Jürgen Gaßebner übergibt die PS-Pole-Position-Trophy kurz vor dem Start an Kawasaki-Pilot Simon Crafar

In Hockenheim als Kolumnist tätig: Neil Hodgson, der seinen Teamchef Virginio Ferrari eigentlich mit einem Top-Resultat begeistern wollte

knapp davor 14. Der Grund? Foggy war »Little John« gleich zu Beginn des Rennens in die Verkleidung gefahren, die dann auf der rechten Seite herrenlos und weit ausladend herabhing.

Im Training zur Supersport Worldseries ließ im Training Ducatist Bernhard Schick mit Platz sieben aufhorchen. Wegen eines Sturzes im Abschlußtraining, wo er sich das linke Knie prellte, ging er aber gehandicapt in's Rennen. Und auch dort ereilte ihn abermals das Pech: Ausfall wegen defekten Drehzahlsensors. Nicht unbedingt glücklich war auch PS-Kolumnist Thomas Körner über seinen zehnten Platz (siehe Kasten). Den Kampf um den Sieg entschied schließlich Michael Paquay vor Pole-Setter Paolo Casoli für sich, der für Hockenheim neue Ducati-Leistungsteile bekam.

In der Supermono-Konkurrenz fiel Michael Rudroff in Führung liegend mit Motorschaden aus. Elli Bindrum, im Training Dritte vor dem Bayer und hinter Pole-Setter und Teamkollege André Friedrich sowie Cup-Leader Makoto Suzuki, war bis zur letzten Runde vorn dabei, wurde dann aber von Valter Bartolini in der Sachskurve abgeschossen und brach sich eine Rippe. André Friedrich landete hinter Suzuki, der auch das dritte Rennen gewann, auf Rang zwei und blieb damit weiter auf Tuchfühlung mit dem Japaner.

Super, Meki: Andreas Meklau (re.) festigte mit zwei zehnten Plätzen seine tolle Form und das Selbstvertrauen. Technik-Chef Charly Putz fand's »einfach super«

Da fahren sie schon: Pierfrancesco Chili und Akira Yanagawa hetzen hier, ausgangs der Sachskurve der Spitzengruppe nach. Überholen dieserorts – schwierig bis unmöglich

PS-Topspeed-Messungen Hockenheim 1997*

* Alle Angaben in km/h

Superbike-WM:				Supersport Worldseries:				Supermono Cup:			
	Fahrer	Marke	Speed		Fahrer	Marke	Speed		Fahrer	Marke	Speed
1	Chili	Ducati	319	1	Bähr	Kawasaki	282	1	Rudroff	BMR-Suzuki	255
2	Whitham	Suzuki	313	2	Chambon	Ducati	281	2	Suzuki	OV 20	248
3	Slight	Honda	311	3	Guareschi	Yamaha	280	3	van Dijk	Alpha Gilex Proj.	248
4	Kocinski	Honda	310	4	Schick	Ducati	280	4	Temporali	Ducati	240
5	Fogarty	Ducati	310	5	Casoli	Ducati	279	5	James	BMW	239
6	Russell	Yamaha	310	6	Bussel	Suzuki	279	6	Melchinger	GDM-Rotax	239
7	Yanagawa	Kawasaki	309	7	Meregalli	Yamaha	278	7	Cairo	Rapp-PCL	239
8	Hodgson	Ducati	309	8	Briguet	Suzuki	278	8	Friedrich	MuZ	237
9	Edwards	Yamaha	309	9	Markink	Yamaha	277	9	Bindrum	MuZ	236
10	Crafar	Kawasaki	306	10	Jeandat	Ducati	277	10	Schüller	Pami-Rotax	236

Das MuZ sein: André Friedrich steuerte die Werks-MuZ im Supermono-Rennen hinter Sieger Makoto Suzuki auf Rang zwei. Eine Ergebnisfolge, die sich noch öfters wiederholen sollte

Thomas Körner: »Es fehlt an Topspeed«

Unser erster DM-Auftritt am Sachsenring zwei Wochen vorher entsprach voll meinen Erwartungen: eine tolle Atmosphäre und dazu das oberste Plätzchen auf dem Podest für mich. Der Worldcup in Hockenheim hatte aber andere Voraussetzungen. Es ist eine materialmordende Strecke, auf der man Windschatten braucht, aber keinen geschenkt bekommt. Von Heimvorteil konnte also keine Rede sein. Dazu fehlte es uns erneut an Topspeed. Im Moment bringen wir die Prüfstandsleistung einfach nicht auf die Strecke. Als ich dann noch erfuhr, daß Casoli vom Werk spezielle Teile erhält, waren wir alle ziemlich enttäuscht und wütend. Schließlich hieß es vor der Saison, daß es keine Bevorzugung irgendeines Fahrers geben würde. Also habe ich versucht, das Beste daraus zu machen. Nach dem Start war der Spitzenpulk schon zu weit weg, doch auch im Kampf um Platz zehn ging es hart zur Sache. Als Zehnter dann das Prädikat »bester Deutscher« zu erhalten, ist dennoch ein schwacher Trost. Ebenso wie der Ausfall Meregallis und das unerwartete Ergebnis Pirovanos, der nach seinem schweren Sturzn von Donington wieder toll gefahren ist, aber mit qualmendem Motor hinter mir einlief. So bleibt die Meisterschaft zwar offen, aber wir müssen für's nächste Rennen in Monza einiges schaffen.

Für die Speedfreaks: Wie in jedem Jahr ermittelte PS auch 1997 wieder die Höchstgeschwindigkeiten der WM-Superbikes 240 Meter vor der ersten Schikane

PS-Topspeed-Messungen: »Chili Rückenwind-König«

Die höchsten Geschwindigkeiten erreichten die Maschinen am Freitag, der von etwa fünf bis zehn km/h starkem Rückenwind bestimmt wurde. Entsprechend hoch fielen die gemessenen Geschwindigkeiten aus. Im Falle Pierfrancesco Chilis lag der Wert 240 Meter vor der ersten Schikane sogar um 14 km/h über dem des Vorjahres.

Neil Hodgson: »Bremste zehn Yards zu spät«

Das Training war eher mäßig, denn 1996 fuhr ich nicht hier, und der Kurs ist wegen der hohen Geschwindigkeiten anspruchsvoll. Ich ließ es also vorsichtig angehen. Im ersten Rennen lief mein Plan aber schief. Ich wollte nicht in Führung gehen, aber in der Spitzengruppe dabei sein. Schließlich machte ich aber ein paar Fehler, und wurde »nur« Sechster. Für Rennen zwei beschloß ich, besser zu starten, aber ansonsten galt derselbe Plan. Wir haben noch den hinteren Stoßdämpfer gewechselt, dann fühlte sich die Ducati spürbar besser an. Doch ich glaube, daß der Rahmen an seine Grenzen stößt. Das Bike fühlt sich an, als hätte es einfach zuviel Power für den Rahmen.

Aber zurück zum zweiten Rennen. Mein Plan paßte bis zur letzten Runde vorzüglich. Eingangs Motodrom wollte ich aber unbedingt vorne sein, und da haben Foggy und ich uns berührt. Mein Hinterrad ging weg, und ich hatte fast einen Highsider. Beim Anbremsen der Sachskurve wollte ich dann alles wieder gut machen und bremste zehn Yards zu spät. Das war's. Aber ich bin erst 23, und ich denke, im nächsten Jahr kann ich ganz vorne sein.

Hockenheim gefällt mir übrigens sehr – nur eines hat mich gestört: daß ich in der nacht auf Sonntag in meinem Hockenheimer Hotel kaum schlafen konnte. Ich glaube nirgends sind die Fans so laut wie hier. Aber das kann mir demnächst in Monza ja vielleicht auch passieren.

Sonniges Italien? Klassischer Irrtum! Wie bereits in Misano herrschte auch in Monza Wetter-Chaos. Der im zweiten, verregneten Lauf anfänglich führende Scott Russell (22) holte im trockenen Abschlußtraining die Pole Position

Dampf-Ansage

»Little« John Kocinski macht Dampf. Mit einem Sieg im Regen von Monza verschärfte er die Jagd auf Carl Fogarty und reiste mit nur noch zehn Zählern Rückstand auf den Briten zu seiner Hausstrecke in Laguna Seca

Schlimmer hätte die Schmach im Training für Ducati auf dem »heiligen« Boden von Monza kaum ausfallen können. Die erste Startreihe ging mit Pole-Setter Scott Russell auf Yamaha, Kawasaki-Mann Simon Crafar, und dem Honda-Pärchen John Kocinski und Aaron Slight komplett an die japanische Vierzylinderfraktion. Erst auf Rang fünf fand sich der erste Twin aus Bologna. Zum Erstaunen der Fachwelt betrieb dort aber nicht etwa einer der Werkspiloten Ehrenrettung, sondern ein Privatier mit schmalem Budget.

Andy Meklau war der Schnellste der Ducatisti und freute sich wie ein Schneekönig. »Der Kocinski hat mi a Rund'n lang im Windschatten zog'n. Des war super!«, erklärte er seine Traum-Zeit auf dem Highspeed-Kurs.

Weniger leicht fiel seinen Markengefährten Carl Fogarty und Pierfrancesco Chili auf Startplatz sechs und sieben eine Erklärung. Zehn Minuten vor Ende des Zeittrainings mußte Foggy vor der Parabolica in's Kiesbett, weil er dachte, er hätte einen Motorschaden. Das nahm ihm zumindest die Gelegenheit, auf Qualifiern eine gute Zeit zu schaffen. Foggy beschwerte sich wie Chili aber auch heftigst über die Fahreigenschaften der Werks-996 (siehe Fahrbericht ab Seite 98). Der dritte Ducati-Werksfahrer, Neil Hodgson, sparte sich indes eine Reise nach Monza gleich ganz. Gut eine Woche zuvor brach er sich nämlich beim Motocross-Training daheim in England ein Bein. »Wir sind alle sehr traurig, denn Neil begann gerade, gut in Fahrt zu kommen. Ich hoffe stark, daß er in Laguna Seca wieder dabei ist«, erklärte ein betrübter Teamchef Virginio Ferrari.

Das ging ja noch: Durchgang eins in Monza blieb gerade noch trocken, wofür sich Simon Crafar, Carl Fogarty, Aaron Slight & Co auch mit einer tollen Show bedankten

Schleppte satte 45 Zähler aus Monza heim: 'Little John' Kocinski, der den ersten Lauf haarscharf vor Slight und Fogarty gewann und im zweiten Umlauf hinter Chili zweiter wurde

Auf Rang acht folgte mit Lokalmatador Piergiorgio Bontempi eine Kawasaki, dahinter wartete ein freier Platz für die zweite Werks-Yamaha des im Training verletzten Colin Edwards, gefolgt vom besten Suzuki-Piloten, Jamie Whitham sowie Kawasaki-Werks-Pilot Akira Yanagawa. Und wo waren die deutschen Fahrer? Jochen Schmid ordnete sich mit seiner Kawasaki, die Techniker Kurt Stückle übrigens wieder von Stirnrad- auf Kettenantrieb für die Nockenwellen umrüstete, als permanenter WM-Pilot mit 3,5 Sekunden Rückstand auf die Pole-Zeit auf Position 14 ein. Gleich dahinter folgte mit Suzuki-Mann Udo Mark der beste deutsche Starter für die EM-Wertung. Anton Gruschka, einer der Anwärter auf den EM-Titel, ging von Position 21 aus in's Rennen.

Den besten Start im trockenen ersten Umlauf erwischte zunächst zwar Russel, doch schon bald fand er sich inmitten eines Pulks, bestehend aus Fogarty, Kocinski, Crafar, Slight, Chili, Yanagawa und Whitham. »King Carl« war es dabei, der, wie sein Chef Virginio Ferrari nach dem Rennen sagte, »mit mindestens 105 Prozent fuhr« und so die im Training offenbarten Probleme mit einer kämpferischen Leistung kaschierte. Daß es am Ende für ihn doch »nur« zum dritten Platz reichte, obwohl er während neun von 18 Rennrunden in Führung lag, ist auch etwas dem »Glücks«-Faktor zuzuschreiben. Eingangs der Zielgeraden liefen Kocinski, Slight und eben Fogarty nämlich dichtgedrängt auf einen Backmarker auf, und während der englische Ducati-Pilot die kürzere Innenlinie wählte, nahmen Kocinski und Slight auf einer weit gezogenen Außenbahn kräftig Schwung mit. Die Zielflagge sah Kocinski so gerade fünf Tausendstelsekunden vor Teamgefährte Slight, weitere drei Tausendstel dahinter folgte Fogarty. Russell wurde Vierter, dahinter lagen Crafar, Whitham, Chili und Yanagawa. Meklau münzte seinen tollen Startplatz schließlich in Rang elf um, Schmid erkämpfte Platz 13 und Udo Mark gewann auf Position 17 die EM-Wertung.

Im zweiten Durchgang rückte das komplette Feld infolge heftigen Landre-

Mit Absetzungstendenzen in Monza: Jamie Whitham (12) und Carl Fogarty (4) machten sich anfangs des zweiten Durchgangs heftig aus dem Staub. Doch dann kam Chili...

gens auf Regenreifen aus, und abermals lag zunächst Russell in Front. Bereits nach wenigen Runden tauchte aber Suzuki-Mann Jamie Whitham zusammen mit seinem Freund Carl Fogarty an der Spitze auf. Nach dem Motto »Laß' uns schnell abhauen«, gaben sich die beiden ständig Zeichen, doch anstatt sich von den Verfolgern abzusetzen, ließen sie sich von den Regenspezialisten Chili und Kocinski einholen. Trotzdem: Mit Rang vier sammelte der Weltmeister von '94 und '95 wichtige Punkte im Titelkampf, und Whitham fuhr mit Platz drei wie schon in Hockenheim erneut auf's Podest. Auch Slight behauptete mit Position fünf seine Tuchfühlung zur WM-Spitze. Erfreulich aus deutscher Sicht: der zehnte Rang von Jochen Schmid und Platz zwölf für EM-Starter Udo Mark. Er liegt nun schon auf Platz drei der EM-Wertung direkt hinter Gruschka, der mit den Rängen 19 und 18 ebenfalls wichtige Zähler für diese Wertung sammelte und weiterhin Titelchancen hat.

Daß die Eingliederung der Superbike-EM in die Weltmeisterschaftsläufe vor allem unter den WM-Piloten keine einhellige Zustimmung findet, dafür sorgten in Monza einige Backmarker im Training. »Ich hatte einige sehr gefährliche Begegnungen während der Trainingsläufe, und signalisierte diesen Fahrern auch, daß sie rollende Hindernisse darstellen«, erregte sich der ansonsten eher gelassene Simon Crafar über einige Fahrer, die über eine EM-Nennung in's Feld geschlüpft waren. Gemeint waren beispielsweise einige Ducatisti, die auf älteren 888-Modellen runde 15 Sekunden langsamer als die Spitzenpiloten um den Kurs schlichen. Hier drängt sich in der Tat die Frage auf, ob erst etwas Schlimmes passieren muß, um derartige Hinterbänkler aus dieser Top-Rennserie zu verbannen. Doch wer füllt dann das Starterfeld? Eine Frage, die der Veranstalter Flammini Group im nächsten Jahr ja gerne durch Werksteams mit jeweils drei Fahrern beantwortet wissen will.

Die Regenkönige von Monza: Kocinski, Chili und Whitham bei der wohlverdienten Champagner-Zeremonie. Doch feucht-fröhlich war's eigentlich auch so

In Laguna Seca wurde das Training von einer Reihe von Stürzen überschattet. Russell stand infolge eines Crashs nur auf Startplatz sieben, Crafar war deshalb Zehnter und Fogarty Elfter. Neben Chili und Kocinski mischten sich

mit US-Meister Doug Chandler und Akira Yanagawa zwei Kawasaki in die erste Startreihe. Dahinter folgten Honda-Mann Miguel Duhamel, Bontempi, Russell sowie Hodgson, der nach seinem Kniebruch wieder einsatzbereit war. Einen Versuch startete auch Russells Teamkollege Edwards, doch die Schmerzen in seiner gebrochenen rechten Hand waren zu groß – er beließ es bei einigen Runden.

Im ersten Rennen stahl »Little John« Carl Fogarty um einen Wimpernschlag den Sieg, nachdem er bis vier Runden vor Schluß offenbar mit dem Engländer gespielt hatte. Foggy bemerkte achselzuckend aber ob der gesammelten 20 Punkte zufrieden: »Ich hatte eigentlich vor, ihn in der letzten Kurve wieder zu überholen, aber ich konnte den verlorenen Boden nicht mehr gut machen.«

In der Parabolica die Pole verspielt: Kurz vor Ende des Monza-Trainings ratterte Foggy ins Kiesbett. »Der Motor hörte sich irgendwie komisch an«, bemerkte der Brite anschließend achselzuckend

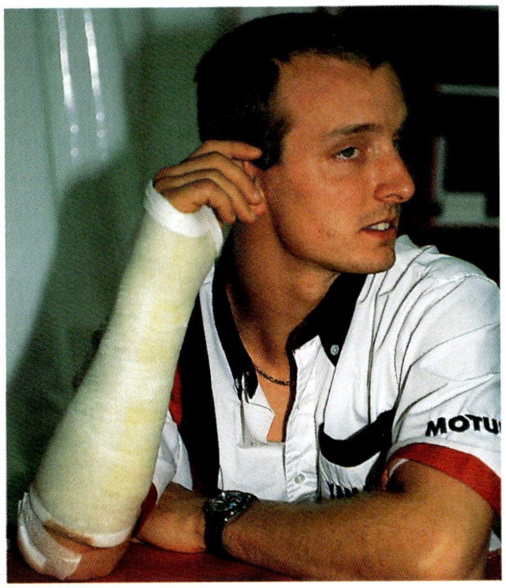

Was zuviel ist, ist zuviel: In der traditionellen Kolumne machte Yamaha-Werksfahrer Colin Edwards seinem Ärger über Jean-Phillipe Ruggia Luft, der ihn im freien Training vom Motorrad fuhr

Hinter dem Dritten Duhamel liefen Crafar, Chandler und Russell ein, gefolgt von Slight, Whitham, der sich im Training einen Fuß angebrochen hatte, sowie Bontempi. Hodgsons kämpferischer Einsatz wurde indes nicht belohnt, sondern mit einem Abflug in Turn 2 schmerzhaft bestraft.

Im zweiten Umlauf gingen die ersten drei Plätze an die bereits im ersten Rennen erfolgreichen Piloten und zwar in der gleichen Reihenfolge. Dahinter fand sich auf Platz vier Russell, gefolgt von Yanagawa, Chili und Bontempi sowie Kipp und Hodgson.

Mit seinem Doppelsieg ließ John Kocinski seinen Rückstand auf Foggy in der WM-Wertung auf magere vier Pünktchen schmelzen. Der Brite allerdings ist mit den beiden zweiten Plätzen in den USA mehr als zufrieden: »40 Punkte auf der Strecke, die ich am wenigsten mag, können sich sehen lassen, und als Nächstes habe ich ja in Brands Hatch ein Heimspiel.«

Der dritte Lauf zur Supersport Worldseries forderte in Monza hingegen wegen der widrigen Verhältnisse auf der nassen Piste zahlreiche Opfer. Pole-Setter Paolo Casoli etwa konnte wegen Zündaussetzern in der Warmup-Runde nicht antreten, Thomas Körner fuhr in's Kiesbett, und Pechvogel Bernhard Schick mußte nach einer Kollision in der ersten Runde schließlich mit Rang 22 vor Volker Bähr Vorlieb nehmen.

Regenspezialist Fabrizio Pirovano (Ducati), der nach seinem Unfall immer noch an Krücken geht, brachte die Sache schließlich für sich unter Dach und Fach, gefolgt von Ives Briguet und dem in der Schlußphase stark aufkommenden Stéphane Mertens (beide Suzuki).

Einziger Lichtblick aus deutscher Sicht: Jörg Teuchert, im Training mit Startplatz neun bereits bester Deutscher, erkämpfte sich diese Plazierung auf seiner Yamaha auch im Rennen und ließ damit zahlreiche arrivierte Supersportpiloten hinter sich.

Einsetzender Regen führte in Monza gleich nach fünf Runden zum Abbruch des Supermono-Rennens. Zunächst lag Cup-Leader Makoto Suzuki vor MuZ-Mann André Friedrich in Front.

Als letztes Rennen dieses Sonntags neu gestartet, sahen die Zuschauer einen spannenden Zweikampf zwischen Massimo Temporali auf einer Ducati-Supermono und dem erwartet starken Japaner Suzuki auf einer Over-Yamaha. André Friedrich konnte diesmal nicht in's Geschehen eingreifen, denn wegen Motorproblemen mußte er das Rennen aus der Boxengasse und damit als Letzter aufnehmen. Wenig später sorgte ein Verbremser eingangs der Ascari-Schikane für das endgültige Aus des Zweiten der Gesamtwertung. Die MuZ-Fahne dennoch hoch hielt dafür Elli Bindrum, die als Dritte noch auf's Podest fuhr.

Ewiger Zweiter mit der Zwei? In Monza jedenfalls kam Aaron Slight zweimal hinter John Kocinski ins Ziel, und in Laguna Seca ebenso, wo sein Markenkollege beide Male siegte

Sorgte für Schlagzeilen: Andreas Meklau düpierte im Training von Monza als schnellster Ducati-Fahrer die arrivierten Werks-Teams von Fogarty, Hodgson und Chili

Thomas Körner:
»Monza glich einer Seenplatte«

Italiens Wettergott scheint kein Fan des Motorradsports zu sein. Nachdem ich schon beim Auftakt in Misano wie viele meiner Supersport-Konkurrenten ein Opfer der Sintflut wurde, erging es mir in Monza nicht anders. Sicher kam der Highspeed-Kurs unserem derzeitigen Leistungsstand nicht sonderlich entgegen, und mit dem zwölften Startplatz waren wir natürlich nicht zufrieden. So viele Punkte wie nur irgendwie möglich einzufahren, hieß den auch die Devise. Kurz vor dem Start wurde es aber hektisch, als der Himmel alle Schleusen öffnete. Monza glich eher einer Seenplatte als einer Rennstrecke. In der ersten Schikane purzelten bereits die ersten Fahrer von ihren Maschinen. Häufig hatte ich gar keinen Bodenkontakt mit den Reifen, weil ich durch zentimetertiefe Wasserlachen fuhr. Sobald ich meinen Bremshebel nur anschielte, blockierte das Vorderrad. Das war auch der Grund für meinen Sturz in der zweiten Runde: Mein Vorderrad klappte weg, und ich rutschte in's Kiesbett. Einziger Trost: Einige wichtige Konkurrenten blieben ebenfalls punktelos. Bis Anfang August macht die Worldseries nun erstmal Pause – DNL Ducati jedoch nicht. Es stehen drei deutsche Meisterschaftsläufe in Most, Brünn und Colmar an, die wieder ganz vorne beenden möchte.

Colin Edwards: »Ruggia ist ein Idiot«

Es ist unglaublich. Im freien Training am Samstagmorgen war ich an Jean-Philippe Ruggia bereits vorbei, als er viel zu spät bremste und mich vom Motorrad holte. Jetzt habe ich mir Elle und Speiche des rechten Armes gebrochen – und das im freien Training. Das war komplett unnötig. Dabei hatte ich mir für Monza soviel ausgerechnet, den wir haben in der Woche zuvor hier fleißig getestet und ein hervorragendes Setup gefunden. Die Yamaha hat hier ja auch in den beiden letzten Jahren schon sehr gut funktioniert. Eigentlich kam Ruggia ja nur hierher, um für den Bol d'Or zu trainieren, und nun hat er die ganze Superbike-Weltmeisterschaft durcheinandergewirbelt.

Viele der Fahrer, die ich an diesem Wochenende beobachtet habe, sind ohnehin nur dazu da, das Starterfeld aufzufüllen. Das ist doch keine Weltmeisterschaft, wo die Werkspiloten immer schneller fahren und die Privatiers dagegen immer weniger Chancen haben.

Ich werde nun versuchen, in Laguna Seca zu fahren. Der Doktor hat mindestens 15 Tage Gips verordnet. Sollte das nicht klappen, versuche ich, zusammen mit Noriyuki Haga Ende August wieder die acht Stunden von Suzuka zu gewinnen. Haga hat dieses Jahr schon vier Rennen in Japan gewonnen und ist toll in Form. Vor dem anderen Yamaha-Team mit Scott Russell und Troy Corser habe ich dort übrigens überhaupt keine Angst.

Bester deutscher Supersport Worldseries-Pilot in Monza: Jörg Teuchert (42) raste mit seiner privaten Yamaha auf einen hervorragenden neunten Platz

9
6

Superbike-WM Brands Hatch/EU, 03.08.97

und A1-Ring/A, 17.08.97

Gemischte Gefühle

Mit einer tollen Show magnetisierte die Superbike-WM in Brands Hatch 70000 Fans, doch ein tragischer Unfall überschattete das Spektakel, das vor der WM-Runde in Österreich zum Zweikampf zwischen Carl Fogarty und John Kocinski wurde

Die Superbike-WM-Runde in Brands Hatch ist schon etwas Besonderes – zumindest seit Carl Fogarty um den Titel fährt. In diesem August verzeichnete der traditionsreiche Kurs in der südenglischen Grafschaft Kent denn auch einen neuen Zuschauerrekord: 70000 waren an diesem Wochenende angereist, um Nationalheld Foggy siegen zu sehen.

Im Training vermochte der exzentrische Ducati-Pilot mit Platz zwei auch eine vorzügliche Ausgangsbasis dafür zu schaffen, wenngleich er die Pole einem anderen überlassen mußte. Ducati-Werkspilot Pierfrancesco Chili war es, der auf dem neu asphaltierten und jetzt viel griffigeren Kurs John Kocinskis Rundenrekord aus dem Vorjahr förmlich pulverisierte. Der kleine rothaarige Amerikaner schwang sich mit seiner Honda RC 45 nur zu Trainingsrang sieben auf.

Auf Startplatz drei stand dagegen mit Neil Hodgson der dritte Ducatist und unterstrich damit den Aufwärtstrend der italienischen Zweizylinder. Ein für den Schiebebetrieb neu abgestimmtes Eprom brachte einige Vorteile. Neben Hodgson stand mit Yamaha-Mann Niall Mackenzie zur Freude der Zuschauer ein dritter Brite.

In der zweiten Startreihe folgte das Kawasaki-Duo mit Simon Crafar und Akira Yanagawa, daneben wie erwähnt Kocinski und auf Startplatz acht mit Piergiorgio Bontempi ein weiterer Kawasaki-Mann.

Wo war Suzuki? Nun, Streckenkenner Jamie Whitham schwang sich immerhin noch zu Platz zehn auf, wohingegen Mike Hale seinen 14. Startplatz mit Fahrwerksproblemen entschuldigte. Wenig zufrieden war auch Scott Russell, der die Werks-Yamaha auf Position elf parkte. Chris Walker, der die verwaiste Yamaha des nach wie vor verletzten Colin Edwards pilotierte, machte es mit Platz 13 nicht viel besser.

Den Start des ersten Rennens entschied Lokalmatador Neil Hodgson vor Kocinski, Fogarty, Crafar und Chili für

Das begeistert die Fans: Dicht gedrängt stürmt das Feld in die erste Kurve nach Start und Ziel – und ein Brite führt. Im englischen Brands Hatch kam kurzzeitig Stimmung auf

Stahl Fogarty & Co die Schau: Pierfrancesco Chili sicherte sich überlegen Pole Position und Sieg im ersten Durchgang von Brands Hatch. Weil's so schön war, griff er als Kolumnist zum Federhalter

Und noch'n Podestplatz: André Friedrich erwehrte sich der britischen Supermono-Armada in Brands Hatch tapfer und festigte mit seinem dritten Platz den Vize-EM-Kurs

sich. Allerdings kam das 20köpfige Feld nur zwei Runden weit. Der britische Privatfahrer Graeme Ritchie stürzte mit seiner Ducati im schnellen Streckenabschnitt bei Westfield Corner. Wie es laut Pressemitteilung hieß, wegen einer gebrochenen Bremsleitung. Ritchie wurde in komatösem Zustand ins Krankenhaus eingeliefert, seine Familie umgehend benachrichtigt. Daraufhin wurde der Lauf abgebrochen und mit mehr als einer Stunde Verspätung neu gestartet. Ritchie verstarb wenige Tage später.

Das folgende Rennen gestaltete Pierfrancesco Chili zu seiner ganz persönlichen Vorstellung und gewann mit gut zwei Sekunden Vorsprung vor dem Überraschungszweiten Scott Russell. Für eine kleine Sensation sorgte Niall Mackenzie, der Dritter wurde und sich damit für höhere Aufgaben empfahl. Der Brite ist für 1998 ein möglicher Yamaha-Werks-Pilot. Sodann es das Yamaha-Werksteam in der jetzigen Form noch gibt.

Wie Teamchef Davide Brivio erklärte »müssen wir tatsächlich darüber nachdenken, ob die Superbike-WM 1998

Einfach herrlich: Der altehrwürdige Kurs von Brands Hatch mutet fast wie eine Nürburgring-Nordschleife »en miniature« an. Hier der Streckenabschnitt Druids Bend, der Foggy an diesem Wochenende zum Verhängnis wurde

noch Sinn macht, falls keine neue 750er kommt.« Insidern zufolge ist ein YZF 750-Nachfolger bereits fertig – mit Reihenvierzylinder, Einspritzung und Vierventil-Zylinderkopf. Angeblich soll das Motorrad aber erst im Herbst '98 präsentiert werden.

Weniger glücklich als Russell agierte dagegen Foggy. In Runde vier stürzte er in der Abfahrt von Druids Bend und riß zu allem Überfluß auch noch Crafar mit, der sich noch am Samstagabend viel für Brands Hatch ausgerechnet hatte.

»Du wirst sehen, morgen gewinnt eine Kawasaki. Es muß jetzt endlich ein Sieg her, und die Zeichen stehen nicht schlecht«, gab sich der sympathische Neuseeländer betont kämpferisch. Statt ihm betrieb indes Streckenneuling Yanagawa Ehrenrettung für die Grünen und fuhr hinter Kocinski und Hodgson solide auf Platz sechs. Hinter ihm landete mit Aaron Slight der zweite Castrol Honda-Pilot, der im Training nur Neunter war.

Auch das zweite Rennen wurde zum Opfer widriger Umstände. Statt eines Sturzes erfolgte der Rennabbruch diesmal allerdings in Runde elf wegen einsetzenden Regens. Bis dahin führte Foggy vor Crafar und Hodgson. Allerdings schien es, als kompensierte der Weltmeister von '94 und '95 den enormen Erwartungsdruck auf heimischem Boden auf seine Weise. In Umlauf sieben nämlich bremste er sich vor der Haarnadelkurve Druids quer ankommend innen am führenden Chili vorbei und schlug dem Italiener einfach das Vorderrad weg, ohne jedoch selbt zu stürzen.

Nach einem zusätzlichen Regentraining erfolgte der Neustart, und auf der nassen Strecke entschied Kocinski den Lauf knapp vor WM-Widersacher Fogarty für sich. Aufgrund der Addition der Zeiten von erster und zweiter Rennhälfte reichte es Foggy aber dennoch zum Heimsieg.

Wollte alles, bekam aber nur die Hälfte: Übertriebener Ehrgeiz mag Foggy im ersten Lauf von Brands Hatch zum Sturz getrieben haben. Umlauf zwei gewann er dafür

Sensationeller Dritter wurde mit Michael Rutter ein weiterer Brite, und dies, obwohl er seine Honda nur auf Startplatz 16 positioniert hatte. Vierter wurde Yanagawa vor Russell, Hodgson und Crafar.

Vernichtend geschlagen wurde erneut das Suzuki-Werksteam, das mit Whitham nach Platz acht im ersten Rennen nun mit Rang neun zufrieden sein

Schwacher Ersatz: Chris Walker brachte die Edwards-Yamaha in England nur auf die Ränge elf und zehn, und auf dem A1-Ring nur auf zwölf und zehn

mußte. Mike Hale, im ersten Durchgang Zehnter, vermochte sich im zweiten Rennen nur auf Rang elf einzufädeln.

Vor dem Rennen auf dem österreichischen A1-Ring hatte Kocinski seinen Vier-Punkte-Rückstand in einen Vier-Punkte-Vorsprung auf Fogarty umgewandelt, und spätestens jetzt war die WM zum reinen Zweikampf dieser beiden Giganten geworden.

Auf dem A1-Ring war es erneut Chili, der sich vor Yanagawa, Kocinski, Foggy und Slight die Pole sichern konnte. Lange sah es so aus, als könne sich Crafar mit konstant schnellen Zeiten den besten Platz sichern, doch wie schon

Kurze Freude: Wegen nicht reglementskonformem Sprit wurde Niall Mackenzie der dritte Platz im ersten Umlauf von Brands Hatch später aberkannt

Feierstunde: Mackenzie, Chili und Russell beim fachmännischen Verteilen des Champagners auf dem Siegerpodest in England

in Monza gab es Probleme mit den teilweise erheblich zu langsamen EM-Fahrern. Crafar standen derartige Kollegen öfters im Weg, und so kam er nur auf Abschlußrang sechs.

Zwar gewann Foggy sonntags den ersten Durchgang, doch machte ihm Yanagawa schwer zu schaffen. »Ich dachte, ich könnte die letzten fünf, sechs Runden locker vorneweg fahren, aber die Kawasaki beschleunigt extrem, und so konnte ich Akira immer nur auf der Bremse halten«, haderte der englische Champion von '94 und '95. Yanagawa gab sich nach seinem knapp verpaßten Sieg indes zufrieden und erklärte »Ich hab' beim Rundenzählen einen Fehler gemacht und gedacht, es ginge noch zwei Runden.«

Dritter wurde Slight, der hofft, »damit den Leuten, die fragen, 'was ist mit Aaron los?', endlich die richtige Antwort gegeben« zu haben. Vierter wurde Chili, gefolgt von Kocinski, der damit seine Titelchancen wahrte. Erfreulich aus deutscher Sicht die Plätze 13 von Udo Mark, 14 von Jochen Schmid und 18 von Anton Gruschka.

In Umlauf zwei holte sich Yanagawa den längst fälligen Kawasaki-Sieg inklusive einer Rundenbestzeit unterhalb der Pole Position vor Slight und Kocinski. Letzterer kollidierte sieben Runden vor Schluß noch mit Foggy, der ausschied und den Amerikaner in der WM-Wertung mit sechs Punkten Vorsprung ziehen lassen mußte. Erfreulich hingegen wieder das Abschneiden der Deutschen. Platz neun für Mark, Rang elf für Schmid, Position 14 für Gruschka.

In der Supersport Worldseries sprang für Thomas Körner in Brands Hatch nur Rang 14 heraus, und Bernhard Schick wurde Opfer eines Massensturzes, bei dem ihm ein Konkurrent ins Hinterrad fuhr und dieses zerstörte. Einziger Deutscher im Ziel außer Körner war dort Peter Koller, der die San Marino-Kawasaki auf Platz 21 brachte.

Den Sieg holte sich Ducati-Fahrer Stéphane Chambon vor Markenkollege und Cup-Leader Paolo Casoli. Dritter wurde der Schweizer Yves Briguet auf Suzuki. Peter Rubattos schützling Stéphane Mertens wahrte mit Platz fünf weiter seine Titelchancen und lag nach Brands Hatch sogar nur zwei Zähler hinter Casoli.

Auf dem A1-Ring holte sich Vittoriano Guareschi mit seiner Yamaha den Sieg vor Ducatist Fabrizio Pirovano und seinem Yamaha-Markengefährten Eric Mahé. Bernhard Schick beendete die scheinbar nicht enden wollende Pechsträhne auf seiner Ducati mit Rang neun, Markenkollege Thomas Körner wurde Zwölfter und Peter Koller schrammte auf der San Marino-Kawasaki mit Platz 16 nur knapp an den Punkten vorbei.

Den fünften Sieg im fünften Rennen gab es im Supermono Cup auf der Insel für Over-Yamaha-Pilot Makoto Suzuki in Brands Hatch. Bereits im Zeittraining ließ der Japaner keinen Zweifel daran, wer Herr im Hause ist, fuhr die schnellste Zeit und packte bereits neun Minuten vor Trainingsende sein Zeug zusammen. MuZ-Mann André Friedrich bleibt dem Japaner mit Platz drei in Brands Hatch und Rang zwei im Klassement zwar auf den Fersen, doch schlagen kann Suzuki augenblicklich wohl nur ein Sturz oder ein Defekt. MuZ-Frau Elli Bindrum markierte in Brands Hatch zwar die drittschnellste Trainingszeit, mußte wegen eines Motorschadens im Regen-Training jedoch auf einen Start verzichten. PS-Mann Alan Cathcart wurde Vierter.

Seriensieger Suzuki wurde auf dem A1-Ring erstmals geschlagen - erfreulicherweise von André Friedrich, der damit Platz zwei im Klassement festigen konnte. Zweite wurde seine Teamgefährtin Elli Bindrum vor Suzuki. Mit Wolfgang Melchinger als Fünftem und Guido Metzler auf Rang elf landeten zudem noch zwei Deutsche in den Punkterängen.

Durchwachsen: Weder in England noch in Österreich kam Jamie Whitham auf der Suzuki GSX-R 750 über Plätze im Mittelfeld hinaus

Pierfrancesco Chili:
»Wir machen Fortschritte«

In Brands Hatch ging es gut. Zwar plagt mich nach wie vor ein eingeklemmter Nerv, weshalb ich täglich zum Massieren muß, doch das ist nicht so schlimm. Viel wichtiger ist, daß Ducati Fortschritte mit dem Motorrad macht. In Laguna Seca haben mir Fehlzündungen und ein damit verbundenes kurzzeitiges Nachlaufen des Motors im Schiebebetrieb eingangs der Kurven das Leben schwer gemacht. Nun wurde das Motormanagement in diesem Bereich verbessert, und das Motorrad benimmt sich nun beim Hineinbremsen viel besser. Alles paßte, auch im Hinblick auf die Resultate. Pole Position und ein Laufsieg sind nicht schlecht - ein zweiter Sieg wäre natürlich noch besser gewesen. Aber: That's Racing! Es kommen ja noch einige Rennen.

Thomas Körner:
»Brands Hatch war enttäuschend«

Bis 12 Minuten vor dem Abschlußtraining von Brands Hatch war ich an dritter Stelle. Das sah eigentlich gut aus. Dann haben die Jungs aber nochmal mächtig Dampf gemacht, und ich bin auf Position neun abgerutscht. Aber Meregalli war beispielsweise auch nur Zehnter, und so konnte ich eigentlich noch gut damit leben. Was im Rennen folgte, vergessen wir am besten schnell. In der ersten Runde ist mir der Innamorati vor's Vorderrad gefallen, und damit war der Anschluß zur Spitzengruppe schon komplett weg. Außerdem landete ich beim Schalten in den zweiten Gang öfters im Leerlauf – das erledigte dann den Rest. Nach meinem Vorjahressieg hatte ich mir natürlich viel mehr ausgerechnet – aber es ist nicht zu ändern.

Einmal 14., einmal Zwölfter: Thomas Körner hatte von sich und der DNL-Ducati 748 in der Supersport Worldseries in England und Österreich mehr erwartet

Kampf bis auf's Messer: In Assen kam es zwischen Carl Fogarty (4) und John Kocinski (3) zum offenen Schlagabtausch. Hier im ersten Lauf führt Foggy zwar noch vor Chili, doch Kocinski (3) bläst bereits erfolgreich zum Angriff

Assen-Phänomen

In Holland brach John Kocinski im ersten Lauf Carl Fogartys Siegesserie. Doch im zweiten Rennen schlug der britische Herrscher von Assen phänomenal zurück

Die Superbike-WM in Assen hat seit Jahren eigene Gesetze. Beispielsweise schreibt sich als Sieger Carl Fogarty fest. Seit 1993 gewann der Engländer hier alle Läufe.

Kein Wunder, daß Foggy mit vier Punkten Rückstand bis unter die Haarspitzen motiviert nach Holland reiste. Klar auch, daß WM-Leader John Kocinski gerade auf Foggy's Lieblingskurs alles daran setzen würde, den Briten zu schlagen.

»Gut gegen Böse – Foggy gegen Little John. So lautet das Motto in Assen«, beschrieb ein Journalist die Situation im Vorfeld dieser WM-Runde. Der Kampf um die Vorherrschaft in Assen und damit in der WM spiegelte sich denn auch schon im besonders spannenden Abschlußtraining wider.

Auf der anfänglich feuchten Strecke hielt lange Zeit Suzuki-Gastfahrer Rainer Jänisch überraschend die schnellste Zeit, doch als es abzutrocknen begann, faßte sich Foggy ein Herz, und stanzte mit 2:04,409 Minuten eine Super-Runde in den Asphalt, die ihn von ehedem Startplatz vier auf die Pole Position katapultierte. Der bis dahin Trainingsschnellste, Kocinski, vermochte diese Zeit bis kurz vor Schluß nicht aufzuholen, und so schien Foggy mit einer typischen Energieleistung die Zeichen auf einen neuerlichen Doppelsieg gestellt zu haben.

Doch Little John wäre nicht Little John, wenn er in der allerletzten Trainingsrunde wie so oft nicht nochmals alles versucht hätte. Mit 2:04,061 Minuten gaste der kleine Amerikaner mehr als drei Zehntelsekunden schneller als der Engländer um den Kurs und landete damit im Vorfeld des Rennens einen moralischen Sieg. Foggy ließ die verlorene Pole offenbar kalt, und so knatterte er am Abend gut gelaunt mit Frau Michaela auf seinem getunten Motorroller durch's Fahrerlager.

Sorgenmiene, wenngleich aus anderem Grunde, trug sein Teamchef Virginio Ferrari. »Giancarlo Falappa möchte wieder eine Werks-Ducati von mir. Aber ich halte das für keine gute Idee. Möglicherweise ist er ja wieder schnell, aber sollte er nochmals schwer stürzen,

Sah anfangs gut aus: Akira Yanagawa (8) lag hier in Umlauf zwei an aussichtsreicher Position vor Chili, doch wie viele Dunlop-Piloten konnte er das Tempo nicht lange halten

Little Big John: Mit seinem Sieg im ersten Rennen schien Kocinski Carl Fogarty demoralisiert zu haben. Doch der Brite schlug in Umlauf zwei zurück

könnte es böse für ihn ausgehen. Ich möchte gerne, daß er vernünftig ist«, erklärte der Italiener.

Optimistisch auf den Rennsonntag durfte das Kawasaki-Werksteam von Harald Eckl blicken. Simon Crafar hatte sich fünf Minuten vor Ende des Trainings noch von Rang vier auf Rang drei verbessert. Sein Kollege Akira Yanagawa, für den die Strecke komplettes Neuland war, schaffte es, sich von ursprünglich Rang elf unmittelbar dahinter auf Position vier einzunisten.

Auf Startplatz fünf folgte Yamaha-Mann Scott Russell, dahinter stand Pierfrancesco Chili, der sich eine bessere Rundenzeit mit einem Sturz kurz vor Trainingsende vereitelte. Mit Jamie Whitham folgte auf Position acht der beste Suzuki-Pilot.

Apropos Suzuki. Gleich drei Fahrer schickte die Mannschaft von Suzuki Deutschland ins Rennen. »Udo Mark soll die Europameisterschaftswertung gewinnen. Das kann er aber nur noch schaffen, wenn der Führende, Anton Gruschka, möglichst wenig Punkte macht. Deshalb haben wir Michi Rudroff und Rainer Jänisch engagiert, die sich zwischen Udo und Anton schieben sollen«, erklärte Teamchef Jürgen Zürn die Strategie.

Gruschka indes konnte auf solch umfassende Schützenhilfe nicht bauen. »Schade. Dieses Jahr hätte ich endlich mal einen Titel in meiner Karriere gewinnen können. Aber ich habe bei Yamaha Deutschland angefragt, ob sie mir vielleicht mit einem starken Lindholm-Motor unter die Arme greifen, und es hat sich nichts getan«, erklärte der Bayer enttäuscht.

Allein die Startplätze wiesen Mark als klaren Favoriten aus. Er stand hinter Jochen Schmid auf Position 14, auf Rang 20 folgte Rudroff vor Jänisch und eben Gruschka.

Im ersten Rennen ging die Suzuki-Rechnung voll auf. Platz zwölf für Mark und damit Sieger der EM-Wertung vor Rudroff und Jänisch. Gruschka lief auf Platz 21 ein.

Das Interesse der Zuschauer und der Medien gehörte freilich anderen. Zur Freude der rund 50000 Fans, von denen ein großer Teil von der Insel herübergereist kam, ging Foggy vom Start weg in Führung vor Russell und Yanagawa. Seinen beiden Verfolgern spielten ihre Dunlop-Reifen aber schlechte Streiche, und so fielen sie am Ende auf Rang sechs beziehungsweise acht zurück. »Mit den Reifen haben wir hier echte Probleme«, erklärte Kawasaki-Teamchef Harald Eckl später, und sprach damit auch seinem Schützling Simon Crafar aus der Seele, der in Runde sechs sogar kurz durch's Kiesbett mußte und nach dem Rennen über mangelnden Grip klagte.

An der Spitze hingegen entbrannte fünf Runden vor Schluß ein heißes Gefecht. John Kocinski, nach dem Start nur Elfter, hatte sich bis auf den zweiten Platz vorgearbeitet, und Chili sowie Aaron Slight schlanken Fußes auf die Plätze drei und vier verwiesen. Und nun begann der Amerikaner an Foggy's Hinterrad zu knabbern. Als gäbe es nichts Leichteres auf dieser Welt, überholte er den Briten in der vorletzten Runde einfach und zelebrierte wenig später ausgelassen seinen Triumph. Nach vier Jahren hatte er Foggy's Bastion gebrochen – der »Böse« hatte den »Guten« demoralisiert und besiegt.

Wortkarg, aber mit stechendem Blick bestieg Carl Fogarty dann die Werks-Ducati zum zweiten Umlauf. »Möglicherweise wird er es übertrei-

Bodyguards: Rainer Jänisch (56) und Michael Rudroff (57) bestritten den WM-Lauf in Assen, um Markenkollege Udo Mark Schützenhilfe im Kampf um den EM-Titel zu gewähren

»Hätt' so gern den EM-Titel gewonnen«: Anton Gruschka, der sich der Suzuki-Mannschaft in der EM-Wertung quasi waffenlos ergeben mußte

Marushin
21
Kawasaki
Marushin
MOTUL

Auf Titelkurs: Udo Mark legte mit einem doppelten Gewinn der EM-Wertung bei den Superbikes den Grundstein für den Gewinn der Europameisterschaft

Solide Leistung: Jochen Schmid behauptete sich mit in Eigenregie optimiertem Kit-Material von Kawasaki auf den Plätzen 13 und zwölf

ben, die Nerven verlieren und stürzen«, mutmaßte ein »Kenner« der Szene. Doch wer Fogarty kennt, weiß, daß er zumindest über eines verfügt: über Nerven wie Stahlseile.

Wie im ersten Durchgang lag er auch jetzt nach der ersten Runde vorn, und sollte die Führung bis ins Ziel auch nicht mehr abgeben. Fast eine Duplizität der Ereignisse aus Umlauf eins beschwor Kocinski herauf, der nur als Zehnter wegkam, sich bis auf Rang drei vorarbeitete, den zweiten Chili und eben Foggy aber diesmal nicht mehr einholen konnte.

Chili, erkennbar schneller als Fogarty unterwegs, bekam für's zweite Rennen klare Stallorder auferlegt, und sollte dem Briten keinesfalls Punkte wegnehmen. Brav hielt sich der Italiener denn auch bis in's Ziel hinter seinem Freund, und auf dem Weg zur Siegerehrung fielen sich die beiden in die Arme.

John Kocinski, mit vier Punkten Vorsprung nach Assen gereist, baute seine Führung vor dem Rennen auf satte elf Punkte aus, doch nach Durchgang zwei führte er nun nur noch mit zwei Zählern.

So hatte dieser Rennsonntag für jeden etwas. Für Little John die Genugtuung, Foggy auf seiner Haus- und Hofstrecke besiegt zu haben, für Foggy die Tatsache, den Punkterückstand in der

So sind sie: Wer ein echter Superbike-Fan ist, muß nach Assen kommen. Schließlich gewann Foggy hier seit vier Jahren jedes WM-Rennen. Nur diesmal klappte es nicht ganz

In Assen Zwölfter und in Oschersleben Siebter: Supersport Worldseries-Fahrer und Kolumnist Thomas Körner

Thomas Körner: »Böse Finger«

Zwölfter in Assen war ja nicht so schlecht für die vierte Startreihe. Aber ich dachte, das Motorrad läuft nicht mehr und habe den Rhythmus verloren. War unzufrieden. In Oschersleben meinten manche, ich hätte dort einen Vorteil. Falsch. Ich bin lediglich für Fotos auf der Baustelle rumgerollt. Aber die Strecke gefällt mir. Im Training wollte ich eine neue Linie in der Schikane probieren, bin mit dem Vorderrad auf den Dreck gekommen und habe mir Zeige- und Mittelfinger bös aufgeschliffen. Im Rennen bin ich die letzten zwei Runden auf Sicherheit gefahren. Mein Teamchef Ralph Bohnhorst meinte: »Halt´ die Schnauze und sei zufrieden mit Platz sieben.« Wo er recht hat, hat er recht.

WM verkürzt zu haben, und für die Dunlop-Piloten die Gewissheit, daß sie für Assen nicht die richtigen Reifen hatten. Letzteres bestätigten Crafar auf Rang sechs, Yanagawa auf sieben, Russell als Achter und sein Teamgefährte Chris Walker auf Rang neun.

Nachtrag zum Kampf von »Goliath gegen David«, sprich Suzuki Deutschland gegen Gruschka: Gruschka fiel aus, Mark wurde hinter Schmid 13. und führt in der EM-Wertung vor dem letzten Lauf in Albacete nun mit elf Punkten. Das sollte reichen – aber vielleicht kriegte Gruschka ja doch noch einen starken Lindholm-Motor?

Allerletzte Neuigkeit aus dem Suzuki-Lager: Es soll im nächsten zwei Werksteams geben. Eines mit Teamchef Lester Harris und der neuen Einspritzer-GSX-R 750, ein weiteres mit der neuen TL 1000 R. Raten Sie mal, wer als Fahrer im Gespräch ist. Richtig: Foggy.

Eine andere Entscheidung ist bereits gefallen. In Assen sicherte sich Makoto Suzuki auf seiner Over-Yamaha mit einem Sieg vorzeitig den EM-Titel. Zweiter wurde MuZ-Mann André Friedrich, der auch Rang zwei im Gesamtklassement hält und bereits Vizemeister ist. Sechster wurde Frank Schüller (Pami Rotax), MuZ-Frau Elli Bindrum wurde Achte und ist übrigens zur WM-Runde nach Sugo eingeladen worden, um die Over-Yamaha dort zu fahren.

Überschattet wurde das Supermono-Rennen von einem Rennabbruch, verursacht durch eine Startkollision zwischen Geoff Lynn, Laurence Barry und Alan Cathcart. Cathcart wurde daraufhin mit einer Gehirnerschütterung ins Krankenhaus eingeliefert, wurde am Abend aber bereits wieder munter im Fahrerlager gesichtet.

Die deutschen Piloten Körner, Schick, Teuchert und Koller kamen mit gemischten Gefühlen von Assen nach Oschersleben, wo ein zusätzlicher Lauf zur Supersport Worldseries ausgetragen wurde. Tom Körner mit Platz zwölf, Bernhard Schick mit Aufgabe, Jörg Teuchert mit einer genähten Rißwunde am Kinn, Peter Koller mit Platz 18. Völlig locker dagegen der neue Leader, Ex-GP-Pilot Paolo Casoli, dessen Motoren von Piero de Gianesini vorbereitet werden, der bislang die schnellen Aggregate für Pierfrancesco Chili präpariert hatte. Bestzeit für Casoli im Training, überlegener Start-Ziel-Sieg für den Italiener und Ausbau der Führung vor Stéphane Chambon, der im Nieselregen den Rhythmus verlor und enttäuschter Vierter hinter Vittorio Guareschi und Yves Briguet wurde. Immerhin lag der kleine Südfranzose in einem Viererpulk hinter Casoli, in dem ihn zum Zweiten lediglich neun Zehntelsekunden trennten. Bester Deutscher wurde Tom Körner (siehe Kolumne), Bernhard Schick Zehnter, Peter Koller 14. Pech hatte Jörg Teuchert auf der Yamaha: »Vermutlich bei einer Rempelei ist die Auspuffhalterung gebrochen. Der Auspuff hat sich am Boden durchgeschliffen, das war´s.« Die Supersport-WM bleibt drei Rennen vor Schluß weiter spannend: Den Führenden Casoli trennen lediglich 20 Punkte vor dem Zweiten Chambon. Lob für die neue Strecke gab es von fast allen Fahrern. Stellvertretende Meinung von PS-Fahrer Stéphane Mertens: »Gute Infrastruktur, zum Beispiel mit Duschen in der Box, fahrerisch sehr anspruchsvoll und für die Zuschauer toll einsehbar.«

Zwei gegen einen: Sieger Foggy mit Helfer Chili (li.) und geschlagenem Kocinski, der aber wie so oft in dieser Saison sehr schlecht startete

In Albacete und Sentul hieß Kocinskis härtester Widersacher jeweils Simon Crafar. Doch der neuseeländische Kawasaki-Pilot unterlag in Spanien mit Rang drei und zwei, und in Sentul kam es mit einem Reifendefekt und einem Sturz noch schlimmer für ihn

Little Big John

Bei den letzten drei WM-Runden dieser Saison wurde der kleine John Kocinski ganz groß – und zum übermächtigen Gegner für Carl Fogarty

In Sentul wird John Kocinski stark sein, und deshalb müssen wir in Albacete und Sugo gut aussehen. Beide Kurse liegen Carl Fogarty«, erklärte Foggy's Teamchef Virginio Ferrari am Freitagabend im spanischen Albacete auf die Frage, wer seiner Meinung nach die ausstehenden Läufe gewinnen würde. Grund zur Sorge bestand für die italienische Ducati-Crew in den Trainingssitzungen fürwahr nicht. Schließlich stand Foggy mit wenig mehr als einer Zehntelsekunde Rückstand auf Pole Setter Kocinski auf Startplatz zwei. »Und wir alle wissen, daß Carl im Rennen noch zulegt«, freute sich Ducati-Frontmann Ferrari vor Rennbeginn.

Der Start des ersten Umlaufs in Albacete war denn auch ganz nach dem Geschmack der bologneser Mannschaft. Eher schlafmütziger Start für Kocinski – und Foggy in Führung. Doch wie bereits beim Rennen zuvor in Assen kamen Kocinski und die Honda RC 45 langsam aber gewaltig aus der Tiefe des Raumes. Und schließlich wurde der zweifache Ex-Weltmeister aus England wie zuvor im ersten Lauf in Holland zum Lunch

Da war noch alles gut: Carl Fogarty, hier im ersten Lauf in Albacete noch in Führung liegend. Kocinski plant dahinter aber bereits den Angriff

Flott unterwegs: Jochen Schmid bewies bei seinem letzten WM-Auftritt 1997 im spanischen Albacete, daß er in der Weltmeisterschaft mithalten kann

für den kleinen Amerikaner. »E.T.« Kocinski, der »Außerirdische«, passierte seinen Widersacher quasi im Handstreich und siegte ungefährdet. Beim Versuch, dem Amerikaner zu folgen, klatschte Foggy die Ducati zu allem Überfluß ins Kiesbett. Zwar deuteten die meisten Beobachter vor allem übertriebenen Ehrgeiz des Briten als Sturzursache aus, doch war nicht zu übersehen, daß Foggy allein fahrwerkstechnisch nicht über jenen phänomenalen Stand verfügte, wie Kocinski ihn bei der Honda vorfindet. Überhaupt trug der Kampf der beiden um die WM-Krone fast schon abenteuerliche Züge. Im freien Training am Freitag versuchte Foggy gar mit einem 16 Zoll-Vorderrad das kritische Handling der Ducati zu verbessern. Allerdings ohne Erfolg. »Ab einem gewissen Punkt kippt sie damit abrupt in die Kurve hinein. Wir nehmen den 17 Zöller«, entschied »King Carl« zusammen mit den Technikern. Auch Kocinski probierte es mit den neuen Pneus, die Michelin extra für diese beiden Teams zur Verfügung gestellt hatte, und von denen man bei Dunlop scheinbar gar nichts gewußt haben soll. »Die Karkasse ist zu hart. Ich fahr' auch 17 Zoll«, ließ Kocinski wissen.

Allein, was den Kampf der beiden Giganten Foggy und Little John anging, glich der zweite Durchgang dem ersten. Kocinski gewann, und Fogarty stürzte erneut. Einmal mehr, weil er die Ducati mit 105 Prozent bewegen mußte, da ihm Gregorio Lavilla vor einer 170 Grad-Kurve im Infield ins Motorrad fuhr. Ein längerer Ausritt in die Wiese warf ihn zunächst auf den vorletzten Platz zurück, und so machte er sich an eine furiose Aufholjagd. Doch sein Löwenherz half diesmal nichts. In Runde 14 war die eindrucksvolle Hatz quer durch's Feld vorbei, und der Brite feuerte die rote Werks-Ducati erneut in die Ecke. Spätestens jetzt schien der WM-Titel endgültig futsch, denn zusätzlich zu den 50 Punkten, die der Amerikaner an diesem Wochenende auf ihn gut machte, kamen weitere drei Zähler am grünen Tisch hinzu. Die Sportbehörde FIM disqualifizierte nämlich nachträglich Niall Mackenzie vom dritten Platz im englischen Brands Hatch. Dort soll dieser ,so das Ergebnis der Spritprobe, mit unerlaubtem Rennbenzin gefahren sein. Dementsprechend versah die Arithmetik Kocinski vor den nächsten beiden Läufen mit einem überaus komfortablen 55 Punkte-Vorsprung.

Weitaus zufriedener als bei Ducati konnte man hingegen bei Kawasaki sein. Simon Crafar bewies in beiden Läufen, daß die ZX-7RR das Potential für Siege hat. Dritter im ersten Umlauf, zweiter im zweiten Durchgang sowie die Genugtuung, das zweite Rennen über eine Phase von sieben Runden sogar vor Kocinski angeführt zu haben.

Prima unterwegs auch Akira Yanagawa, der auf der für ihn neuen Strecke zweimal Vierter wurde. »Doch jetzt geht's nach Sugo. Da bin ich gut«, freute sich der lustige Japaner.

Schwarzwälder Bote: Suzuki-Pilot Udo Mark schrieb sich in Albacete als Europameister in die Siegerliste ein

Einen Wermutstropfen hatte Teamchef Harald Eckl in Albacete dennoch zu schlucken. Crafar verkündete seinen Wechsel in die 500er-WM zu Red Bull-Yamaha. Ersatz für ihn fand sich aber bereits eine Woche später in Form von Neil Hodgson, der bei Ducati Corse von Pierfrancesco Chili ersezt wird. Für den Italiener wiederum soll sein Landsmann Piergiorgio Bontempi bei Gattolone Ducati nachrücken. Überhaupt drehte sich das Fahrer-Karrussell in Spanien wie verrückt. Spektakülärster Wechsel: Foggy fährt im nächsten Jahr für Alstare-Corona eine Werks-Ducati und wird bei Ducati Corse durch Troy Corser, dem Champion von 1996, ersetzt.

Neben Entscheidungen um die Teambesetzungen im nächsten Jahr fiel auch die Entscheidung in der Superbike-EM-Wertung. Suzuki-Mann Udo Mark holte sich mit den Plätzen zwölf und 14 den EM-Titel. Jochen Schmid rundete die positive deutsche Vorstellung mit Platz neun und zwölf ab.

In Sugo hingegen dominierten erwartungsgemäß japanische Piloten. Allen voran holte sich Kawasaki-Werkspilot Akira Yanagawa zunächst einmal die Pole Position und im ersten Lauf auch den Sieg vor seinem Landsmann Noriyuki Haga auf Yamaha. Überschattet wurde das erste Rennen von einem Unfall in der Besichtigungsrunde. An der Suzuki des Japaners Kousuke Akiyoshi blieb das Gas hängen, und so schoß er auf der Zielgeraden erst in einen Streckenbediensteten und wenig später in einen Fotografen. Glück im Unglück: »Nur« Gehirnerschütterung und Beinbruch beim Offiziellen, lediglich verschrottetes Kamera-Equipment beim Fotografen.

Fogarty, der auf Rang 13 einlief, beschwerte sich über das schlechte Handling der Ducati, John Kocinski hingegen erreichte mit abgehalftertem Vorderradpneu auch nur Platz neun. Ein dritter Platz hinter Sieger Haga sowie Crafar im zweiten Durchgang reichte ihm aber locker zum Titel, denn beim Versuch, wirklich schnell zu fahren, versenkte Foggy die Ducati neben der Strecke. So zelebrierte Little John denn wenig später auf dem Podest in Japan freudestrahlend und mit frisch gedrucktem WM-T-Shirt den Titel. Und für weitere Schlagzeilen war er ebenfalls gut: Die HRC-Crew gab ihm direkt nach dem zweiten Lauf ein Banner in die Hand, auf dem der Name allerdings falsch geschrieben stand. »Kochinski«, war da zu lesen. Doch seiner Begeisterung und Genugtuung tat das in keiner Weise Abbruch. »Ich habe lange auf Honda gewartet und nun die Chance genutzt«, erkannte er freudig.

Im indonesischen Sentul dominierte wiederum Kocinski trotz Lebensmittelvergiftung das Training, dahinter lagen Fogarty, Chili, Slight und Crafar.

Die Entscheidung um den Vizetitel und einen möglichen WM-Doppelsieg von Honda diktierte Neu-Weltmeister Kocinski persönlich. Er gewann knapp vor seinem Teamkollegen Slight und Fogarty. Damit stand er zwar mit Fogarty,

Strahlemänner: Die drei Europameister Makoto Suzuki, Udo Mark und Angelo Conti, der die Supersport-EM gewann

Zum Schluß noch einmal angespornt: PS-Kolumnist und Supersport World-series-Pilot Thomas Körner, der sich in den ausstehenden drei Rennen noch Endrang zehn sicherte

Im grünen Bereich: Akira Yanagawa holte sich in Sugo einen Laufsieg, und bestach sowohl in seiner japanischen Heimat als auch in Sentul durch seine Zweikampfstärke gegen seinen Landsmann Noriyuki Haga auf Yamaha

Heiße Truppe: Im indonesischen Sentul fighteten Kocinski, Crafar, Slight und Fogarty bei 35 Grad im Schatten, als ginge es noch um den Titel. Doch den hatte sich Kocinski bereits im japanischen Sugo gesichert

aber ohne Slight auf dem Podest. Verärgert darüber, daß ihn Kocinski nicht hatte passieren lassen, blieb Slight fern und kassierte wegen Unsportlichkeit 5000 Schweizer Franken Sportstrafe.

In Lauf zwei beendete Kocinski eine beispiellose Serie der diesjährigen WM. In allen Rennen hatte er gepunktet, aber jetzt hatte er durch eine Kollision mit Crafar in der letzten Runde dem entthronten Weltmeister Fogarty den Weg zu einem halbwegs erfreulichen Saisonabschluß ermöglicht: Sechster Saisonsieg, Vizeweltmeister und die Erkenntnis, daß das Paket Honda-Kocinski diesmal besser waren.

Gleich einen doppelten Yamaha-Erfolg gab es in Albacete in der Supersport Worldseries. Vittoriano Guareschi vor Teamkollege Massimo Meregalli, lautete der Einlauf. Dritter wurde Michael Paquay auf Honda. Vor den beiden letzten Rennen in Sugo und Sentul hatten noch neun Fahrer Titelchancen. In Sugo gewann hingegen der bislang in der Wertung führende Ducatisto Paolo Casoli, nachdem er sich dort auch die Pole Position gesichert hatte. Das bedeutete für ihn den Weltserie-Titel. Zweiter wurde Suzuki-Pilot Yves Briguet vor Fabrizio Pirovano auf einer weiteren Ducati. Thomas Körner lief auf Rang acht ein.

Im indonesischen Sentul sicherte Guareschi schließlich den Vize-Titel mit Sieg vor Briguet und Chambon und einem Punkt hinter Casoli, der bereits Meister war. Tom Körner erntete noch Platz zehn, nachdem Michael Paquay und Giovanni Bussei stürzten. Bernhard Schick wurde mit Reifenproblemen immerhin noch 13.

Keineswegs als reine Formsache, obwohl bereits Europameister, betrachtete Meister Makoto Suzuki das letzte Rennen der Saison in der European Supermono. Auch in Albacete überließ er das Feld nicht kampflos und steuerte seine Over-Yamaha zu Saisonsieg Nummer sieben vor MuZ-Mann André Friedrich. Für ein weiteres Highlight aus deutscher Sicht sorgte Katja Poensgen, die mit der BMR-Suzuki auf Rang drei gaste. Mit Elli Bindrum (MuZ) und Wolf-

Da fehlt doch einer: Aaron Slight, zweiter im ersten Lauf von Sentul, kam aus Verärgerung über seinen Teamkollegen Kocinski nicht zur Siegerehrung und kassierte dafür 5000 Schweizer Franken Sportstrafe. Little John hatte seinem Teamgefährten nicht den Vortritt gelassen, obwohl es für diesen noch um den Vize-Titel ging

Show-Talente: Scott Russell bewies auf der Abschlußparty im indonesischen Jakarta sogar Entertainer-Qualitäten. Er sang, und Aaron Slight (hier mit seiner Frau Megan) spielte Keyboard. Die Drums malträtierte übrigens Jamie Whitham

gang Melchinger (GDM Rotax) landeten zudem zwei weitere Deutsche in den Top Ten. Guido Metzler (BMR) kam noch auf Rang 13. Bindrum sicherte sich mit diesem Ergebnis Rang drei hinter ihrem Teamkollegen Friedrich in der Endabrechnung. Schön für sie: Die Einladung von Over ins japanische Sugo, um mit Makotos Meister-Motorrad beim dortigen Supermono-Rennen als Gastfahrerin zu starten.

Notizen aus dem Fahrerlager

Im spanischen Albacete fand am Sonntagabend **eine Ehrung der Europameister** statt. Julian Thomas, Pressesprecher von Promotor SBK International, gratulierte European Supermono-Champion **Makoto Suzuki**, dem Superbike-Europameister **Udo Mark** sowie dem Supersport-Europameister **Angelo Conti.**

Keinen Werkseinsatz in der Superbike-WM wird es mit der brandneuen **Suzuki TL 1000 R** geben. Stattdessen unternimmt man mit der V2-Neuheit Gehversuche in der amerikanischen AMA-Superbike-Meisterschaft.

Kawasaki-Pilot **Piergiorgio Bontempi** erhielt für Albacete Werksteile für den Motor. Damit war er im ersten Zeittraining überraschend Zweitschnellster hinter Kocinski. Im Rennen landete er in Spanien zweimal auf Rang sechs.

Thomas Körner: »Top Ten-Platz mußte her«

Mit meinem 14. Platz in Albacete kann ich natürlich nicht zufrieden sein, doch im Rennen baute der Hinterradreifen einfach zuwenig Grip für Top-Zeiten auf.

Da ich zu diesem Zeitpunkt mit knappem Rückstand auf Platz elf der Wertung lag, galt es für die letzten beiden Rennen vor allem, doch noch unter die ersten Zehn vorzustoßen.

In Sugo lief es unter diesen Vorzeichen mit Platz acht im Rennen ganz gut. Das allein brachte mich in der Wertung immerhin schon um einen Rang nach vorn. Mit meinem zehnten Platz in Sentul und dem gleichzeitigen Ausfall meines direkten Konkurrenten Giovanni Bussei hat mein Plan schließlich geklappt: Platz zehn in einem saustarken Feld. Beachtenswert: Wir waren das einzige Ducati-Team, das nie einen technischen Ausfall hatte. Das spricht für meine Mannschaft und auch für das Material. Mit dem Top Ten-Platz haben wir uns in der Supersport Worldseries etabliert. Am liebsten würden wir im nächsten Jahr wieder in dieser Serie antreten.

Virginio Ferrari: »Kämpften bis zum Schluß«

Die beiden einzig positiven Ereignisse am Albacete-Wochenende waren für mich der Besuch meines Freundes Robbi Whitall, der Paragliding-Weltmeister ist, und mit dem ich gerne zusammen Fliegen gehe, sowie der tiefe Überflug des Militär-Jets am Sonntagvormittag. Ansonsten war's sehr bescheiden.

Aber in Albacete konnte ich wirklich niemandem böse sein. Carl hat alles versucht – und es hat in einer Katastrophe geendet. Doch so ist der Rennsport. In Spanien, so dachte ich, hätten wir uns etwas Luft sprich einen Punktevorsprung verschaffen können. Danach, so fürchtete ich, sei es für den WM-Titel zu spät. Dennoch versuchten wir alle, das Unmögliche zu schaffen.

Carl verläßt uns zwar, aber mit Corser und Chili werden wir 1998 trotzdem sehr stark sein. Ich bin froh, daß Carl in der Ducati-Familie bleibt. Sein neues Team Alstare hat den Differenzbetrag bezahlt. Aber schon jetzt, da bin ich sicher, hat Carl einen festen Platz im Herzen aller Ducatisti, denn er hat Großartiges geleistet.

Mal
HUNWICK HALLAM
HUNWICK HALLAM
POWER
DUNLOP
DUNLOP
RK

Sieg der Sterne

Wovon Captain Kirk träumte, wurde in Australien vorgestellt – ein Motorrad wie vom andern Stern. Doch im Ernst: Hunwick Hallam's X 1R könnte die Superbike-WM revolutionieren

Future-Bike: Im Australischen Phillip Island präsentierte Hunwick Hallam mit der X1R eine revolutionäres Superbike, das vielleicht schon bald für Furore sorgen könnte

Revolution Down-Under: Ron Hunwick (li.) und Paul Hallam kreierten ein V2-Superbike mit pneumatischer Ventilsteuerung und dem Motor als tragendem Fahrwerkselement

PS-Mitarbeiter Alan Cathcart hatte es prophezeit, und spätestens seit seinem weltexklusiven Fahrbericht des australischen Hunwick Hallam-Cruisers in PS 3/97 war klar: Die Aussies meinen es ernst mit ihrem Superbike-Projekt.

Beim australischen Superbike-WM-Auftakt in Phillip Island war es schließlich soweit, und die »X 1R« getaufte Superbike-Rennmaschine wurde der Weltpresse vorgestellt.

»Okay, im Moment liegen wir mit dem Trockengewicht von 172 Kilogramm noch zehn Kilo über dem Limit, doch das Tank-Sitzbank-Monocoque und die Verkleidung sind noch aus sehr dickem und schwerem Laminat gefertigt. Wir erreichen die Schwelle des Reglements später spielend«, berichteten Ron Hunwick und Paul Hallam.

Mehr als das futuristische Äußere und das leichte Übergewicht der Präsentationsmaschine interessiert aber das technische Konzept, vor allem auf der Motorseite.

»Die Ducati-Chefentwickler haben große Augen gemacht, als sie näheres über den Ventiltrieb erfuhren«, erzählte Alan Cathcart, und der Grund hierfür liegt in der pneumatischen Betätigung der jeweils vier Ventile, die sich in den Zylinderköpfen des 90 Grad-V2 um den Gaswechsel bemühen. Ein kleines

Dreht wie ein Vierzylinder: Der 90 Grad-V2 erreicht 14000/min. das sind 1200/min als die Werks-Ducatis 1997 im Rennen drehten. Doch auch bei Ducati laufen bereits Motoren mit 13600/min auf dem Prüfstand

Druckluftreservoir, das zwischen den Nockenwellen sitzt und bei jeder Abwärtsbewegung der Kolben befüllt wird, sorgt für die Betätigung der Luftfedern, die in etwa mit denen einer Lastwagenfederung vergleichbar sind.

»Wir erreichen damit bereits jetzt Drehzahlen von 14000/min«, erklärten die beiden australischen Erbauer stolz. Angesichts des augenblicklichen Drehzahllimits von 13600/min beim hochentwickelten Ducati-Motor sind die Techniker aus Down-Under damit jetzt schon weiter als die Italiener. Hunwick Hallam gibt als Hinterradleistung im Moment »soviel wie die Werks-Ducatis an der Kurbelwelle« an, was knapp über 170 PS bedeuten würde.

Zumindest motorentechnisch sind damit die Weichen für einen interessanten Zweizylinder-Fight in der Superbike-WM gestellt, doch vorher muß Hunwick Hallam die X 1R in Serie produzieren. »Auch das läuft«, behaupten die Australier, die ihr Future-Bike 1998 zum Preis von etwa 50000 Mark und in der vom Reglement geforderten Mindeststückzahl von 150 Einheiten unters gut betuchte fahrende Volk bringen wollen. Bis wann der Renner gegen Ducati & Co. in der Superbike-WM antritt? »Vielleicht auch schon 1998«, antworten die beiden Konstrukteure.

Rank und schlank: Die Silhouette der Hunwick Hallam X1R wird vom breiten Hinterradslick dominiert. Trotz Kohlefaser lag das Trockengewicht im März '97 aber noch bei 172 Kilogramm

Aus Erfahrung gut: Simon Crafar fuhr 1996 und 1997 im Kawasaki-Werksteam und brachte den 'Grünen' in diesem Jahr manches gute Ergebnis. Dennoch wechselte er für '98 in die 500er-WM

Green Dream

Harald Eckl verwirklichte, wovon deutsche Superbike-Fans schon lange träumten: Erstmalig leitet er ein in Deutschland stationiertes Superbike-Werksteam – und das mit immer mehr Erfolg

Im Winter '96/'97 zuckten wir etwas mit den Achseln, als wir redaktionsintern über die Erfolgsaussichten von Kawasaki in der Superbike-WM '97 spekulierten. Schließlich verlief die Saison '96 mit dem damals neuen Motorrad unter der Leitung des Amerikaners Rob Muzzy und den Fahrern Anthony Gobert und Simon Crafar nicht gerade berauschend. Vor allem die Drehmomentschwäche des Vierzylinders wurde dafür verantwortlich gemacht.

Für Muzzy kam kurz vor Jahreswechsel dann Harald Eckl als Teamchef, der bislang das Aprilia-GP-Team mit Peter Öttl und Tex Geissler geleitet hatte. Das warf erneut Fragen auf: Würde sich der Zweitakt-Spezialist auch auf Viertakt-Terrain zurechtfinden, und würde er die technische Entwicklung der ZX-7RR stärker als bisher vorantreiben können?

Heute kennen wir die Antworten – sie lauten »Ja«! Der studierte Maschinenbauer griff massiv in die Teamstruktur ein, baute personell um. Nur zwei Leute übernahm er von Muzzy: Crafars Chefmechaniker Larry Kano sowie dessen Fahrwerksmann Brent Stephens. Drei weitere Leute holte er aus seinem

Schnell und symphatisch: Akira Yanagawa fuhr die Superbike-WM 1997 zum ersten Mal und zeigte sich als stets gut gelaunter und zudem fahrerisch wirksamer Gobert-Ersatz

Trio Grande: Akira Yanagawa, Teamchef Harald Eckl und Simon Crafar stehen am Trainingssamstag um 18.00 Uhr der Presse Rede und Antwort. Hier in Hockenheim moderierte Manfred John (ganz links) vom Team Green Kawasaki Deutschland die Pressekonferenz

GP-Team, als da wären Uwe Weber, der sich um Crafars Motor kümmert, Akira Yanagawas Fahrwerks-Spezialist Jeremy Dennis sowie Data Recording-Mann Alfred Willecke. Ganz neu ins Team stießen Axel Schnura sowie Katsuhiro Yanagawa, nicht verwandt und nicht verschwägert, aber Chefmechaniker seines Namensvetters, und Gerd Raban, der sich nach einiger GP 500-Zeit mit Adi Bosshard nun um Yanagawas Triebwerk sorgt. Zu guter Letzt aquirierte er

Tägliches Brot: In Harald Eckls Rennwerkstatt in Vohenstrauß werden die Kawasaki-Werksmotoren präpariert, aufgebaut und getestet

Boxen-Plausch: Harald Eckl (li.) und Chefmechaniker Larry Kano, der im Viertaktrennsport Erfahrungen auf nahezu allen Marken gesammelt hat

Männer des guten Geschmacks: Nur was Vorkoster Akira Yanagawa persönlich getestet und gegebenenfalls nachgewürzt hat, verläßt die Bordküche von Kombüsenchef Marko Grundmann

mit Dorothea Etschmann noch eine kundige PR-Betreuerin und mit Marko Grundmann einen nicht minder leistungsfähigen Küchenchef.

Neben diesem radikalen Personal-Umbau schuf Eckl freilich auch die übrige Infrastruktur neu. So entstand in seinem Wohnort Vohenstrauß binnen weniger Wochen eine großzügige Mehrzweckhalle mit eigenem Motorenprüfstand, wo die Maschinen aufgebaut und gewartet werden. Das verkürzt die Leitungswege und erlaubt effektiveres Reagieren.

Dennoch spricht das Werk bei der Entwicklung der Kawasaki entscheidend mit. So wurde etwa das Angebot Eskil Suters, eine Trockenkupplung zu liefern, abgelehnt. »Die Japaner legen Wert darauf, nur Teile zu verwenden, die sie selbst ausgiebig erprobt haben«, stellt Harald Eckl fest.

Ganz falsch kann diese Strategie offensichtlich nicht sein, denn mittlerweile reden die Kawasaki neben Honda und Ducati ernsthaft um die Podestplätze mit, und auf dem A1-Ring gab es bereits sogar einen Sieg. »Das nächste Jahr könnte unser Jahr werden. Schade nur, daß Simon Crafar uns ausgerechnet jetzt verläßt«, resümiert Harald Eckl die Saison. Sollte er auf der Suche nach adäquatem fahrerischen Ersatz jedoch ein ähnlich glückliches Händchen wie bisher beweisen, müssen sich die Kawasaki-Fans um die Verwirklichung des grünen Traums jedoch überhaupt keine Sorgen machen.

Vergleich der anderen Art: Auf dem kleinen Kurs von Hockenheim wollten wir wissen, was besser geht. Der Formel 3-Renner von Wolf Henzler oder die Supersport-Ducati von Thomas Körner

Rennstreckentest Formel 3-Martini MK 73

gegen Supersport-Ducati 748 SP

Zehn-Übung

Trotz ähnlichem Leistungsgewicht beträgt die Zeitdifferenz zwischen Formel 3-Auto und Supersport-Renner in Hockenheim rund zehn Sekunden. PS betrieb Ursachenforschung mit den Fahrern Wolf Henzler und Thomas Körner

Beginnen wir mit banalen Zahlenspielen. Thomas Körners Ducati 748 SP bringt trocken 179 Kilogramm auf die Waage. Zusammen mit ihm sowie einigen Litern Treibstoff ergeben sich so schließlich rund 260 Kilo, die der 122 PS starke V2-Motor zu beschleunigen hat. Macht 2,1 Kilogramm pro PS. Ähnlich sieht es bei Wolf Henzlers Formel 3-Rennwagen aus. Der französische Martini MK 73 mit dem 205 PS starken und von der renommierten Firma Spiess getunten Zweiliter-Opel-Vierzylinder bringt mitsamt Fahrer und Benzin etwa 550 Kilogramm auf die Waage, was einem Leistungsgewicht von gut 2,6 Kilogramm pro PS entspricht. Eigentlich würde der Motor bedeutend mehr leisten, doch ein auf 26 Millimeter begrenzter Lufteinlaß verhindert dies. Bis zum vergangenen Jahr waren sogar nur 24 Millimeter Durchlaß erlaubt, was cirka 185 PS ergab.

Rein aufgrund des Leistungsgewichtes müßte Thomas Körner, der in diesem Jahr in der Supersport World Series für PS als Kolumnist unterwegs ist, klare Vorteile haben. Doch wer ernsthaft erwartet, daß sich die rechnerischen Vorzüge auch in bessere Rundenzeiten ummünzen lassen, wird herb enttäuscht. Nur 58,02 Sekunden verstreichen nämlich, bis Wolf Henzler, einer der diesjährigen Titelfavoriten in der deutschen Formel 3 Rennwagen-Meisterschaft, den kleinen Kurs in Hockenheim einmal umrundet hat. Der 22jährige Student der Betriebswirtschaft ist hier schneller als jeder Motorradfahrer, und exakt 9,94 Sekunden flotter als Thomas Körner, der auf der schlanken Ducati hervorragende 1:07,96 Minuten zustande bringt.

Schwabenpfeil, die Erste: Wolf Henzler aus Nürtingen

Woran's letztendlich liegt, zeigt ein Vergleich der Geschwindigkeiten in den Kurven sowie an den Bremspunkten am Beispiel einer fliegenden Runde beider Piloten im badischen Motodrom.

Ausgehend von der Start-/Ziellinie geht es in Richtung Nordkurve. Nach knapp fünf Sekunden und bei 222 km/h bremst der Ducati-Pilot den schnellen Rechtsknick etwa 30 Meter vor den Be-

Schwabenpfeil, die Zweite: Thomas Körner aus Leinzell

122 PS bei 11700/min: Die Supersport-Ducati von Thomas Körner schaffte in Hockenheim 1:07,96 Minuten

Bekannter Triebling: Quer eingebauter 90 Grad-V2 mit Wasserkühlung und vier Ventilen pro Zylinder

205 PS bei 6000/min: Beim Formel 3-Martini von Wolf Henzler blieben die Uhren bei 58,02 Sekunden stehen

Aus der Großserie abgeleitet: Wassergekühlter Zweiliter-Reihenvierzylinder aus Opel-PKWs

Formel 3-Martini MK 73

Motor und Getriebe:	Wassergekühlter Vierzylinder-Viertakt-Reihenmotor
Hubraum:	2000 cmΔ
Bohrung x Hub:	86 x 86 mm
Verdichtung:	12,9 : 1
Leistung:	205 PS bei 6000/min
Anzahl Gänge:	5
Gemischaufbereitung:	Bosch-Einspritzanlage
Durchlaß:	45 mm
Getriebe:	Sequentielles Fünfganggetriebe mit Zündunterbrechung
Fahrwerk und Bremsen:	
Chassis:	Kohlefaser-Monocoque mit Einzelradaufhängung, je zwei Dreiecksquerlenker, Feder-Dämpfereinheiten über Schubstangen betätigt
Reifen vorn:	20/45-13
Reifen hinten:	24/57-13
Felgengröße vorn:	8,5 x 13«
Felgengröße hinten:	10 x 13«
Bremsen:	Vier Einfach-Scheibenbremsen, Durchmesser 280 mm
Team:	Josef Kaufmann Racing Europastr. 1 54636 Wolsfeld

Supersport-Ducati 748 SP

Motor und Getriebe:	Wassergekühlter Vierzylinder-Viertakt-V-Motor
Hubraum:	748 cmΔ
Bohrung x Hub:	88 x 61,5 mm
Verdichtung:	11,5 : 1
Leistung:	122 PS bei 11700/min
Anzahl Gänge:	6
Gemischaufbereitung:	Weber-Marelli-Einspritzanlage
Durchlaß:	44 mm
Getriebe:	Sechsganggetriebe ohne Schaltautomat
Fahrwerk und Bremsen:	
Chassis:	Stahlrohr-Brückenrahmen, Upside-down-Gabel vorne, Zentralfederbein mit Hebelumlenkung hinten
Reifen vorn:	120/70 ZR 17
Reifen hinten:	180/55 ZR 17
Felgengröße vorn:	3,5 x 17«
Felgengröße hinten:	5,5 x 17«
Bremsen:	Doppelscheibenbremse vorne, Durchmesser 320 mm, Einfach-Scheibenbremse hinten, Durchmesser 220 mm
Team:	DNL Ducati Corse Sandstr. 13 50226 Frechen

grenzungssteinen an und erreicht im Scheitelpunkt 137 km/h. »Ich bremse in die Kurve hinein und schalte vorher vom fünften in den vierten Gang zurück«, erklärt der EM-Siebte des vergangenen Jahres. Praktisch genauso flott, nämlich 223 km/h, ist der Formel 3-Fahrer an seinem Bremspunkt unterwegs, erreicht ihn aber etwa 1,5 Sekunden früher, da seine Durchgangsgeschwindigkeit bei Start und Ziel bei 206 km/h lag, Thomas Körner dagegen nur mit 165 km/h gemessen wurde. »Vor der Nordkurve bremse ich nur ganz kurz, sogar etwas nach den Curbs und schalte vom fünften in den vierten Gang. Thomas mußte hier viel früher in die Eisen«, schildert Wolf seine Beobachtungen in der Nordkurve, die er mit strammen 173 km/h weitaus schneller als sein Motorrad-Kollege durcheilt. Wie beim deutlich später gelegten Bremspunkt macht sich auch hier die größere Auflagefläche der vier Räder gewaltig bemerkbar. Außerdem produzieren der Front- und Heckflügel gerade in schnellen Ecken Abtrieb und damit höhere Haftreibungskräfte, die solche enormen Geschwindigkeiten ermöglichen.

Ein ähnliches Spiel vollzieht sich auch vor der Ameisenkurve, dem langsamen Rechtsknick hinein in die Querspange. Dort stehen bei Wolfs Bremspunkt 200 km/h auf der Uhr, Thomas beschleunigt auf 179 km/h. Der Geschwindigkeitsgewinn gegenüber dem erreichten Speed im Scheitel der Nordkurve beträgt bei ihm 42 km/h, bei Wolf dagegen nur 27 km/h. Auf diesem Teilstück beschleunigt die Ducati demnach zwar besser als der Formel 3, da aber das Geschwindigkeitsniveau permanent unter dem des Autos liegt, verliert der Ducatist trotzdem Zeit. Deutlich, wenngleich nicht so krass wie in der Nordkurve, fällt

Stelldichein in Hockenheim: Die Teams von Thomas Körner und Wolf Henzler beim abschließenden Gruppenfoto vom Start-Ziel-Turm aus gesehen

Wolf Henzler

Geburtsdatum: 05.04.1975
Wohnort: Nürtingen
Beruf: Student
Hobbies: Jogging
Fitneß-Training
Kartfahren

1990 Einstieg in den Kartsport
1. Platz Baden-Württembergische Meisterschaft
3. Platz Süddeutsche Meisterschaft

1991 Zweite komplette Kartsaison
2. Platz Baden-Württembergische Meisterschaft
1. Platz Süddeutsche Meisterschaft
1. Platz Deutsche Meisterschaft

1992 ADAC-Formel Junior-Meisterschaft
13. Platz, jüngster Jahrgang

1993 ADAC-Formel Junior-Meisterschaft
4. Platz, 2 Siege, 2 Pole Positions

1994 Deutsche Formel Opel-Meisterschaft
5. Platz, 1 Sieg, bester Neueinsteiger

1995 Int. Deutsche Formel 3-Meisterschaft, B-Wertung
14. Platz, 5 Siege B-Cup, bester B-Fahrer
3. Platz im Gesamtklassement

1996 Gesamtsieger Mobil 1 INDYKART Stuttgart
Int. Deutsche Formel 3-Meisterschaft, A-Wertung 11. Platz

1997 Int. deutsche Formel 3-Meisterschaft
4. Platz im Gesamtklassement

die Differenz im Scheitel der Ameisenkurve aus. Wir notieren 92 km/h für die Supersport-Ducati und 109 km/h für den Formel 3-Martini.

Etwas besser vermag sich Ducati-Pilot Körner in der schnellen Linkskurve vor der Wiedereinfahrt auf den großen Kurs zu behaupten. Auf dem Weg dorthin wird vom zweiten bis in den fünften Gang hinauf beschleunigt, die Drehzahlgrenze von 11800/min wird voll ausgenutzt.

Auf 208 km/h bringt er die Ducati, Henzler im Formel 3 erreicht 211 km/h, kann aber wieder einen Tick länger stehen lassen und erreicht an seinem Bremspunkt schließlich 220 km/h. Im Scheitel der Eingangskurve, die von beiden im zweiten Gang gefahren wird, weist die Datenaufzeichnung für Körner 93 km/h aus, Henzler kommt immerhin auf 105 km/h.

Bis zu diesem Punkt, der mit 1314 Metern in etwa die halbe Streckendistanz markiert, verliert Körner 3,5 Sekunden auf seinen Widersacher im Formel 3, denn gerade in den schnellen Kurven und getreu dem Motto »Wer später bremst ist länger schnell« verbucht das Auto dicke Zeitgutschriften.

Durch einen langen Rechtsbogen geht's hinein in's Motodrom, und vor der Sachskurve bremst Henzler den Martini von 203 auf 95 km/h im Scheitelpunkt ab. Körners Ducati wird vor der 180 Grad-Kurve 184 km/h schnell, und im Scheitel erreicht der Schwabe aus Leinzell mit 92,3 km/h sogar einen Spitzenwert für Motorräder und fast das Niveau des Formel 3-Autos. Auf der nachfolgenden kurzen Geraden und der anschließenden Linkskurve beschleunigen beide ihre Renner voll bis zur Senke. Dabei stehen bei den Gangwechseln im Formel 3-Auto 6300/min, 300/min mehr als die Nenndrehzahl an. Kurz davor sind beide mit 184 km/h exakt gleich schnell, was auf die kaum unterschiedliche Ausgangsgeschwindigkeit aus der Sachskurve heraus sowie auf das etwas bessere Beschleunigungsvermögen der Ducati zurückzuführen ist.

Dennoch ist der Zeitrückstand von Thomas Körner auf dem Teilstück vom Eingang auf den großen Kurs bis zur Senke um zwei weitere auf nun 5,5 Sekunden angewachsen, und auf dem letzten Teil dieser Runde vermag Henzler, der übrigens aus dem Kartsport kommt und 1996 einmal sogar Michael Schumacher schlug, nochmals richtig zu punkten. Im Scheitel der Senke weist der Martini-Bordcomputer 159 km/h aus, im kurz darauf folgenden Scheitelpunkt der Opelkurve eingangs der Zielgeraden liegen 152 km/h an. Mit 121 respektive 117 km/h wird der Motorradfahrer hier vernichtend geschlagen und verliert bis zum Ausgang der Opelkurve weitere 2,5 Sekunden. Bis zur Zieldurchfahrt schreibt sich der Nürtinger Formel 3-Fahrer schließlich knapp weitere zwei Sekunden gut, denn wegen der um 35 km/h niedrigeren Scheitelgeschwindigkeit in der Nordkurve fehlt Supersport-

Pilot Körner schlicht der Schwung, um auf dem geraden Stück Anschluß an's Auto zu finden. Bei der Zieldurchfahrt ist er denn auch mit 165 km/h exakt 41 km/h langsamer als der Mann im superflachen Vierrad.

Fazit: Ein Rennmotorrad muß nicht immer drastisch langsamer als ein Rennwagen sein, auch wenn es in unserem Fall so ist. Gerade in den langsamen Streckenabschnitten wie den Ein- und Ausfahrten der Querspange oder in der Sachskurve schlägt sich die Supersport-Ducati tapfer.

Dramatisch werden die Unterschiede jedoch in den schnellen Kurven ein- und ausgangs der Zielgerade sowie beim Anbremsen der Kurven. Hier verbucht der Formel 3-Rennwagen extreme Vorteile bedingt durch die wesentlich größere Reifenauflagefläche in Verbindung mit aerodynamisch erzeugten Abtriebskräften, die ihn praktisch auf den Boden pressen.

Thomas Körner

Geburtsdatum: 05.03.1962
Wohnort: Leinzell
Beruf: Werkzeugmacher
Hobbies: Mountain-Biking, Motocross

1988 OMK-Pokal Battle of Twins (B.o.T.)

1989 4. Platz OMK-Pokal B.o.T.

1990 5. Platz OMK-Pokal B.o.T. (alles auf RGB WASP 1000)

1991 Deutsche B.o.T.-Meisterschaft (RGB WASP 1000)
Deutsche Serien-Meisterschaft (Ducati 888, Suzuki GSX-R 750

1992 2. Platz Deutsche B.o.T.-Meisterschaft (Ducati 888)
12. Platz Deutsche Serien-Meisterschaft (Suzuki GSX-R 750)

1993 Deutscher B.o.T.-Meister (Ducat 888)
8. Platz Deutsche Serien-Meisterschaft (Suzuki GSX-R 750)

1994 Europameister Sound of Singles (UNO-Rotax)
Deutsche Superbike-Meisterschaft (Ducati 888)

1995 Deutscher Meister Supersport 600 (Ducati 748 SP)
1. Platz S.o.S.-Rennen Daytona (UNO-Rotax)

1996 7. Platz European Supersport (Ducati 748 SP)
Sieg in Brands Hatch/GB
7. Platz Deutsche Supersport-Meisterschaft (Ducati 748 SP)
Siege in Speyer, Brünn, Hockenheim

1997 10. Supersport Worldseries, Deutsche Supersport-Meisterschaft (Ducati 748 SP)

Erfolgs-Formel: Wolf Henzler schloß die Internationale Deutsche Formel 3-Meisterschaft 1997 schließlich als Vierter ab

Besonderer Tag: Einen Tag nach dem Superbike-WM-Lauf in Hockenheim hatte der Autor zusammen mit Kollege Michael Pfeiffer das Vergnügen mit Foggys Werks-Ducati

Mille Grazie!

Wir bedanken uns für ein Erlebnis voller Leistung und Drehmoment bei der 1000er Werks-Ducati von Carl Fogarty sowie bei Teamchef Virginio Ferrari, der uns dieses Vergnügen in Hockenheim bereitete

Irgendwie steckt dieser Foggy doch in uns allen«, sagen wir uns, als wir vor der schnellen Linkskurve in der Querspange des kleinen Kurses kurz und hart in den Bremshebel greifen. Wir nehmen all unseren Mut zusammen, winkeln ab und werden mit einem anerkennenden »Schrapp« des linken Knieschleifers belohnt. Einen Wimpernschlag später ist es dann Zeit heftig zu bremsen, doch was im ersten Moment noch für erhöhten Puls gesorgt hat, weicht im nächsten Augenblick, als wir nach rechts auf den großen Kurs einbiegen, bereits einer tiefen inneren Befriedigung und gleichzeitiger Hochachtung vor Carl Fogarty's aktueller Werks-Ducati 996 im Team Ducati Corse.

Absolut sämig hängt das Werks-Triebwerk am Gas, und als wir bei rund 4500/min im Scheitelpunkt die 60er Drosselklappen millimeterweise öffnen, scheint fast eine direkte Verbindung zum Hinterrad zu existieren, so exakt und gutmütig läßt sich die 996 beschleunigen. Beeindruckend ist dabei die Breite des Drehzahlbandes, das von 3500 bis hinauf zum Begrenzer, der in den unteren Gängen bis etwa 12000, in den oberen bis 12200, manchmal auch 12800/min reicht, und aufgrund der Fülle an Drehmoment zumindest für unsereins die Wahl des richtigen Ganges schlicht vergessen läßt. Vibrationsfrei und mit schier unerschöpflicher Kraft katapultiert uns dieser »Sahne«-Motor vorwärts, und all dies, ohne uns mit irgendwelchen Alüren kapriziöser Rennmotoren zu erschrecken. Kurz gesagt: Man hat immer Leistung, und man kann sie sogar nutzen.

Nach fünf Eingewöhnungs-Runden signalisiert uns die »F1«, wie sie im Team ADVF Ducati Corse intern heißt, daß sie für weitaus extremere Fahrmanöver als die unsrigen taugt. Foggy hat dies am Tag vor unserem Test ja eindrucksvoll demonstriert, indem er die 996 im zweiten Lauf der deutschen Superbike-WM-Runde quasi im allerletzten Moment ausquetschte und siegte.

Am Limit: Fahrwerksgeometrie, Gewichtsverteilung und die Grenzdrehzahl von 12800/min stellten die Werks-Ducati 1997 manchmal vor Probleme

Wo viel reingeht, kommt viel raus: 60er-Drosselklappen sorgen im 996er-Triebwerk für mehr als ausreichende Beatmung

Kein Mäusekino: Der digitale Drehzahlmesser der »F1« spiegelt das Band von 3500/min bis 12800/min wider

Jetzt, eingangs Motodrom, erinnern wir uns an das haarige Manöver, wo Foggy und Teamkollege Neil Hodgson sich kurz touchierten, der zweimalige Weltmeister aber die Oberhand behielt und Hodgson schließlich vor der Sachskurve viel zu spät bremste und ausritt. Wir freilich sind glücklicherweise mutterseelenallein unterwegs und könnten uns voll und ganz dem Kreisen mit der Duc widmen, anstatt im gestrigen Rennen zu schwelgen.

Ganz so einfach ist das aber gar nicht. Ständig scheint uns die Ducati aus den Tiefen ihrer knapp geschnittenen Carbon-Kevlar-Verkleidung nämlich anzuflehen »Dreh' höher, brems' später, gib doch einfach Gas«, und so stachelt sie uns eindringlich zur Vorbildnahme am Renngeschehen an. In der Tat verlor sich der Respekt vor einem Werksmotorrad noch nie so rasch, so leicht und gutmütig wie eine Serien-916 fährt sich die glutrote Italienerin. Von Runde zu Runde setzen wir unsere Bremspunkte einen Tick später. »Hier war der Foggy aber noch richtig am Gas«, müssen wir uns im nächsten Moment aber schon wieder maßregeln, wohl wissend, daß mit der 320 Millimeter-Doppelscheibe abermals um Welten mehr möglich gewesen wäre. »Dann eben im nächsten Umlauf«, nehmen wir uns artig vor.

Die Brembo-Bremse ist eine Neuentwicklung, wie uns Virginio Ferrari, 1987 übrigens TT-F1-Weltmeister und zusammen mit Alfredo Dannelli Besitzer des Teams, erzählt. Nun verfügen die wunderschön gefrästen Festsättel nicht mehr über zwei unterschiedliche Kolbendurchmesser von 32 und 34 Millimeter, sondern alle vier Kolben laufen in 34er-Zylindern. Außerdem erhielt jeder Kolben einen einzelnen Belag, was das »Sich-Zuziehen« der Bremse unter extremen Bedingungen vermeiden soll. Eigentlich gehören zu den neuen Bremszangen auch neu entwickelte 290er Bremsscheiben. »Um das Handling dank der geringeren Kreiselkräfte in Wechselkurven und Schikanen zu verbessern«, wie Foggy's Mechaniker Tony »Slick« Bass erklärt. John Kocinski fuhr diese neue Anlage bereits auf seiner Honda RC 45 in Misano zum Sieg, Foggy dagegen probierte sie bislang nur im

Sachs-Appeal: Kein anderes Motorrad zuvor vermittelte soviel Fahrfreude wie die Fogarty-Maschine. Ihr Limit wird uns aber für immer verborgen bleiben

Training aus. »Die 320er sind bissiger, das mag er lieber«, weiß »Slick« dazu. Für uns scheinen diese Verzögerer jedenfalls aus einer anderen Welt zu stammen, so brachial fressen sie die Geschwindigkeit auf, und so feinfühlig sind sie zu dosieren.

Freilich entlarvt die 290er Variante nur ein Problem, das Ducati in diesem Jahr zu lösen hat – Handling. Ausgangs der Sachskurve beschleunigen wir im extrem lang übersetzten ersten Gang heraus, mit simplem Tritt auf den Schaltautomaten folgen Zweiter und Dritter.

Technische Daten Fogarty-Ducati 996

Motor

Bauart/Zylinderzahl:	Viertakt-V 2
Leistung:	154 PS am Hinterrad
Bohrung x Hub:	98 x 66 mm
Hubraum:	996cmΔ
Drehzahlbegrenzer:	12200 bis 12800/min
Anzahl der Gänge:	6

Gemischbildung

Hersteller/Anzahl:	Weber-Marelli
Bauart:	Einspritzung
Durchlaß:	60 mm

Fahrwerk und Ausstattung

Stahlrohr-Brückenrahmen.
Vorn Öhlins-Upside-down-Gabel, hinten Öhlins-Federbein.
Vorn 320 mm Brembo-Doppelscheibenbremse, hinten 200 mm Brembo-Einscheibenbremse

Räder und Reifen

Felgengröße vorn/hinten:	3.50 x 17/6.25 x 17
Reifenmarke:	Michelin
Größe vorn:	12/61-17
Größe hinten:	18/67-17

Gewicht

Trocken mit Öl und Wasser	162 kg

Vmax	310 km/h

Hinein geht es in den Linksknick mit anschließender Rechtskurve nach der wir uns bis an die Randsteine vor der Senke hinaustragen lassen. Bei diesem Links-rechts-Wechsel will die 996 betont mit Körpereinsatz pilotiert werden, und wir beginnen zu erahnen, weshalb der Weltmeister von 1994 und 1995 in diesem Punkt Kritik übt. »Wir werden das Motorrad von 1995 mit '97er Motor und entsprechender Peripherie ausrüsten, und ich bin fast sicher, damit schneller zu sein«, spekuliert Fogarty.

Rein optisch scheint außer dem zusätzlich montierten Verkleidungskiel, der reglementskonform als Ölauffangwanne dient, zwar kaum etwas anders zu sein, und doch hat sich etwas getan. Vor zwei Jahren sah das technische Reglement noch ein Gewichtslimit von 155 Kilogramm für die Twins vor, und dafür wurde die damalige Ducati 955 auch ausgelegt. Ein Jahr später, 1996, erreichte die bologneser Werksmannschaft die nunmehr geforderten 162 Kilogramm durch gezieltes Anbringen von Zusatzgewichten in Form von Bleiplatten, Rahmenrohren mit dickerer Wandstärke, einen schweren Kupplungsdeckel sowie Data Recording-Equipment.

Für 1997 investierte man das Mehrgewicht teilweise in ein stabileres Motorgehäuse, um die Standzeit des 996er Triebwerks von ursprünglich maximal 600 auf nunmehr 900 bis 1200 Kilometer auszudehnen. Etwas Gewicht ließ man auch dem Rahmen angedeihen, der etwa durch eine eingeschweißte Strebe im Lenkkopf versteift wurde.

»Hier liegt ein Problem«, sagen Foggy und seine Mechaniker, »denn durch diese Maßnahmen verschob sich

Grand Prix-Renner mit Viertaktherz: Erst völlig entblättert zeigt die 996, wie kompakt und gedrungen sie gebaut ist

die Gewichtsbilanz um zwei Kilogramm in Richtung Heckpartie.« Abhilfe konnte da offenbar auch die für 1997 neu gegossene, superleichte Magnesiumschwinge sowie der Einsatz eines schweren Lenkschaftrohres aus Stahl nicht schaffen. »Es fehlt vor allem in schnellen Kurven hinten an Grip, und sobald wir das Motorrad extrem auf Handling und Hinterradgrip abstimmen, addiert sich eine Nervosität um den Lenkkopf hinzu«, erklären Foggy und »Slick« unisono. Letzteres erklärt man momentan aber vielmehr mit dem angeblich steiferen Rahmen. »Kommen Bodenwellen hinzu, vermag ein weicher Rahmen mehr Energie aufzunehmen. Es kann sein, daß uns die Rückkehr zum '95er Chassis deshalb sogar voran bringt«, vermutet man.

Freilich wäre es mehr als anmaßend zu behaupten, wir hätten von all diesen Unarten auf den 21 Testrunden definitiv etwas bemerkt. Auffällig war aber, daß die Werks-Ducati unter voller Beschleunigung eingangs der Zielgerade mit dem Lenker zappelte und sich erst beim Gaswegnehmen und Anbremsen der Nordkurve wieder beruhigte. Als Ursache hierfür deuteten alle Beteiligten die Gewichtsdifferenzen der Fahrer aus. Foggy bringt gerade 70 Kilogramm auf die Waage, bei den Autoren sind es doch ein paar mehr. Im Verein mit der somit viel zu weichen Feder rollt die Ducati also leicht chopperartig und mit viel zu geringer Last auf dem Vorderrad daher. Leichte Abhilfe brachte, sich mit den Oberschenkeln am Tank festzuklemmen, sich stark nach vorne zu beugen und den Lenker ganz locker zu halten. Das Erlebnis dokumentiert aber, daß die Ducati heikel auf Gewichtsdifferenzen reagiert.

»Augenblicklich kompensiert Carl das mit 105 Prozent Einsatz«, betont Virginio Ferrari, der alles Menschenmögliche unternimmt, um dem englischen Doppelweltmeister wieder ein so perfektes Motorrad zu bieten, wie es ihn 1994 und 1995 überlegen zum WM-Titel trug. Ferrari sagt aber auch: »1995 fuhren wir mit 155 Kilogramm und vor allem mit leichten Carbon-Bremsscheiben im Vorderrad – das machte zweifellos sehr viel aus.«

Für Unsereins, der wir nicht annähernd in Foggys Sphären vorzustoßen vermögen, ist die aktuelle 996 mit einer härteren Monoshock-Feder so wie sie ist ein Traum. Deshalb werden wir die einmaligen Impressionen vom 9. Juni 1997 auch lange nicht vergessen. Mille Grazie, Virginio!

Rennsiege der Ducati 916 in der Superbike-WM

1994	Fogarty, (Weltmeister)	10
	Falappa,	1
	Jamie Whitham,	1
	Gesamt	12
1995	Fogarty, (Weltmeister)	13
	Troy Corser,	4
	Mauro Lucchiari,	2
	Pierfrancesco Chili,	1
	Gesamt	20
1996	Corser, (Weltmeister)	7
	John Kocinski,	5
	Chili,	2
	Gesamt	14
1997	Fogarty	xx
	Chili	xx
	Gesamt	xx

Doppel-Herz: Zwei Zylinder produzieren 154 PS Hinterradleistung und sorgen für 310 km/h Topspeed

Weltmeisterliches Fahrgefühl: Der Autor hatte im indonesischen Sentul das Vergnügen mit John Kocinskis Honda RVF 750 RC 45. Johns Setup ist ganz auf Handling ausgelegt

Leistungs-Gedicht

Am Tag nach dem WM-Finale im indonesischen Sentul erschloß das Honda-Werksteam Autor Jürgen Gassebner neue Superbike-Dimensionen. Mit 180 PS Leistung am Getriebeausgang ist die Werks-Honda von Weltmeister John Kocinski nämlich das stärkste WM-Superbike

Der kleine, hellbraune Mischlingshund, der sich mir und John Kocinskis Werks-Honda in der schnellen Rechtskurve am Ende der Zielgeraden aufmüpfig mitten in die Ideallinie stellte, spitzte bei jeder Vorbeifahrt fasziniert blickend die Ohren. Kein Zweifel: Das unvergleichliche Viertakt-Röhren von Johns Honda RC 45 schien ihm zu gefallen, und scheinbar wollte er der Geräuschquelle deshalb besonders nahe sein. Sein offenbar großes Vertrauen in meine Fahrkünste ehrt mich zwar, doch hätte ich mich beim Fahrtermin mit der Maschine des Superbike-Weltmeisters 1997 doch gerne ausschließlich auf den Umgang mit den 180 PS Leistung am Getriebeausgang konzentriert. Womit wir beim eigentlichen Thema wären.

Wir haben gegenüber dem letzten Jahr einiges an Power gewonnen«, erklärt mir HRC-Chiefengineer Syuhei Nakamoto, verantwortlich für die RC 45-Entwicklung, vor meiner Testfahrt auf dem Kurs im indonesischen Sentul. Tags zuvor fand hier bei glühender Hitze das Finale zur Superbike-WM statt, und auch heute zeigt das Thermometer bei den Journalisten-Tests über 30 Grad im Schatten. Temperaturprobleme kennt die Honda aber selbst unter diesen extremen Bedingungen nicht. Eher schon der Fahrer, auf den der Umgang mit ohnehin heißen 180 Pferdestärken wartet. Doch von einer wilden Herde schwerlich zu bändigender Mustangs kann bei der Kocinski-Honda glücklicherweise keine Rede sein, und so gestaltet sich der Ritt zu einem unerwarteten Hochgenuß in Sachen Motorradfahren – trotz des schweißtreibenden Klimas.

Hauptgrund für geringe Adrenalinschübe auf der Honda des Weltmeisters ist hauptsächlich der schon aus der Vergangenheit bekannt drehmomentstarke, wassergekühlte V4-Motor, der trotz seiner immensen Spitzenleistung von 180 PS bei 14750/min am Getriebeausgang mit einer unvergleichlich fülligen Leistungscharakteristik glänzt.

Traum aus Aluminium, Titan und ein wenig Stahl: Die Werks-Honda RC 45 ist in jeder Hinsicht ein technisches Kleinod und fernab von dem, was der Kunde beim Honda-Händler kaufen kann

Kraftpaket: Gewaltige 180 PS schickt der wassergekühlte 90 Grad-V4 bei 14750/min an den Getriebeausgang. Doch keine Angst, die Leistungscharakteristik ist vorbildlich und die Nutzung der Pferdestärken damit problemlos möglich

Schon ab 4000/min zieht das Aggregat dank Einspritzanlage ruckfrei und sämig durch, und ab 6500/min beginnt der auf der Rennstrecke relevante Bereich des Leistungsbandes. Praktisch ohne spürbaren Kick legt der V4 nahezu linear an Kraft zu, was wiederum das Herausbeschleunigen aus Kurven zu einer relativ leichten, weil gut kontrollierbaren Übung macht. Jeder Millimeter der Gasgriffbewegung wird mit einer exakt dosierten Zunahme an Motorleistung beantwortet, und so bereitet es keinerlei Schwierigkeiten, selbst in gehöriger Schräglage das Gas anzulegen und sich dabei doch voll und ganz auf die Strecke zu konzentrieren.

Die Einspritzanlage mit zwei Einspritzdüsen pro Drosselklappenstück ist absolut perfekt abgestimmt, allerdings fällt auf, daß sich das Gas bei John Kocinskis Motor einen Tick sanfter anlegen läßt, als beim Pendant seines Teamkollegen Aaron Slight. Dessen Triebwerk scheint etwas giftiger abgestimmt.

Das begeisternde Durchzugsvermögen ist aber beiden Maschinen gemein, und es ist erstaunlich, daß die HRC-Leute dies ohne technische Kunstkniffe wie etwa variable Ansaugrohrlängen geschafft haben. Bleibt als Hauptursache für die gleichförmige Leistungsabgabe und den dennoch erzielten Gewinn an Spitzenleistung also vor allem die Umstellung von einer auf zwei Einspritzdüsen pro Saugrohr zu vermuten.

Ebenso weltmeisterlich wie der druckvolle Motor verhält sich auch die Brembo-Bremse mit den beiden Monoblock-Vierkolbensätteln sowie den 320er-Gußscheiben am Vorderrad. Ein, maximal zwei Finger genügen in allen Fällen, um das Heck der Kocinski-Honda vor den Schikanen leicht werden zu lassen. Grund hierfür ist aber nicht ausschließlich die vehement wirkende und ungemein feinfühlig zu dosierende Verzögerungsanlage an John Kocinskis Bike, sondern vielmehr das radikale Fahrwerkssetup, das der kleine Amerikaner für sich ausgetüftelt hat.

Um nämlich Handling und Einlenkverhalten für seine Belange zu optimieren, ließ er im Vergleich zur Maschine seines Teamkollegen Aaron Slight nicht nur das Heck um einige Millimeter anheben, sondern bestand bei den Honda-Technikern auch darauf, die Schwinge im Aufnahmeexzenter des Rahmens ganz vorne zu plazieren, was für maximal kurzen Radstand und damit fast spielerisches Handling, auf der anderen Seite aber auch für eine leichte Nervosität der RC 45 bei harten Bremsmanövern sorgt. Außerdem entwickelt Kocinskis Maschine auf den leichten Bodenwellen im schnellen Linksknick, der im fünften Gang mit mehr als 200 km/h durcheilt wird, ein spürbares Eigenleben in der Frontpartie. Zusätzlich zu der auf Handling ausgerichteten Fahrwerksgeometrie wird hier Kocinskis Wahl des Vorderreifens spürbar. »Keiner im ganzen Feld fährt vorn eine derart weiche Mischung wie John. Um zu hohe Temperaturen und damit übermäßigen Verschleiß zu verhindern, ist die Reifenkarkasse extrem steif ausgelegt. Entsprechend gering ist die Eigendämpfung des Pneus«, erklärt Michelin-Sportchef Jean Herissé die Hauptursache für dieses Symptom.

Mit der Wahl des Vorderreifens wird auch rasch klar, weshalb Kocinski auf das Integralbremssystem »Racing CBS« verzichtet. Er bremst etwas

Völlig anders: Aaron Slights RC 45 fährt sich wie ein Straßenmotorrad. Gründe dafür sind ein weniger steil angestelltes Heck, etwas mehr Radstand sowie ein Vorderradreifen mit mehr Eigendämpfung

früher, jedoch sanfter und dafür weiter in die Kurven hinein als Kollege Slight, der als bekanntermaßen harter Bremser das System benutzt. Da die Hinterradbremse aber nur bei sehr hartem und schnellem Zug am Handbremshebel mit eingreift, käme sie bei Johns Bremsstil ohnehin nicht zur Wirkung. So vertraut er ganz auf die konventionelle Brems-Methode, nämlich die, die hintere Bremse mit dem rechten Fuß zu betätigen. Und daß dies immer noch eine erfolgreiche Art der Verzögerung ist, hat er eindrucksvoll bewiesen.

Doch auch wenn der Superbike-Weltmeister seinen Titel ohne das Bremssystem errungen hat, so will HRC dennoch an dieser Lösung weiterarbeiten. »Im nächsten Jahr kommt ein völlig neues System, das mit diesem nichts mehr gemeinsam haben wird, außer der Tatsache, daß beim Betätigen der Vorderradbremse auch der hintere Stopper aktiviert werden kann«, versichert Nakamoto-San. Wie ein Mechaniker des Castrol Honda-Teams erklärte, gibt es gleich mehrere Gründe, das System zu ändern. Sehr aufwendig gestaltete sich etwa stets das Entlüften der vorderen und hinteren Anlage. Vorne nämlich ist ein Druck-Sensor montiert, der ab einer bestimmten Stärke und Zuggeschwindigkeit am Handbremshebel einen Bremsbefehl ins Heck der Maschine schickt. Dort sitzt ein Servo-Motor, der diesen Impuls in die Ansteuerung einer Bremspumpe und damit in die Betätigung zweier der vier hinteren Bremskolben umsetzt. Wie schnell und wie stark dies wiederum geschieht, regelt ein stufenlos einstellbares Ventil. Alternativ beziehungsweise zusätzlich werden die beiden anderen Bremskolben herkömmlich über die Fußbremspumpe aktiviert. »Die vielen hydraulischen Komponenten schließen gerne Luftblasen ein, und deshalb ist die Wartung recht aufwendig«, erklärt der Mechaniker weiter.

Das neue System wird voraussichtlich völlig elektronisch arbeiten und, so Herr Nakamoto, »Prinzipiell sogar die Möglichkeit einer Traktionskontrolle bieten, wie sie Mercedes in der Formel 1 einsetzt. Sobald das Hinterrad zum Durchdrehen ansetzt, greift die Bremse ein.« Das ist wohlklingende Zukunftsmusik, die HRC für 1998 anstimmt. Ob dann der kleine, hellbraune Hund womöglich mehr auf das Sirren der Bremsen als auf den Triebwerkssound achten wird? Wir werden's erleben.

Bremssystem, die Erste: Über die Handbremspumpe wird ein Sensor betätigt, der abhängig vom Bremsdruck einen Befehl zum Steuergerät eines Servomotors schickt

Technische Daten: Kocinski-Honda RVF 750 RC 45

Motor

Bauart:	Wassergekühlter Vierzylinder-Viertakt-V-Motor, Zylinderwinkel 90 Grad, vier Ventile je Brennraum
Bohrung:	72 mm
Hub:	46 mm
Verdichtung:	k.A.
Leistung:	180 PS bei 14750/min am Getriebeausgang

Gemischaufbereitung

Bauart:	Elektronische Saugrohreinspritzung mit zwei Einspritzdüsen je Drosselklappenstück

Drosselklappen-Durchmesser: 46 mm

Getriebe

Klauengeschaltetes Sechsganggetriebe mit Anti-Hopping-Ölbadkupplung

Fahrwerk und Bremsen

Bauart:	Leichtmetall-Brückenrahmen, Showa-Upside-down-Gabel vorne, Leichtmetallschwinge mit Showa-Zentralfederbein und Hebelumlenkung hinten
Bremsen:	Zwei Brembo-Vierkolben-Festsättel mit schwimmend gelagerten 320 mm-Gußscheiben vorne, Vierkolben-Nissin-Festsattel mit schwimmend gelagerter 190 mm-Bremsscheibe hinten

Gewicht	162 Kilogramm mit Wasser und Öl, ohne Kraftstoff

Höchstgeschwindigkeit

310 km/h (Lichtschrankenmessung beim Superbike-WM-Lauf in Hockenheim 1997)

Autogrammadresse

John Kocinski & Aaron Slight
c/o Castrol Honda World Superbike Championship Team
Units 5 & 6, Louth Trading Estate,
North Holme Road,
Louth, Lincolnshire, UK, LN11 0JQ

Bremssystem, die Zweite: Der Servomotor steuert eine Bremspumpe für zwei der vier Kolben der hinteren Bremszange an. Betätigungsgeschwindigkeit und zeitlicher Bremseingriff werden von einem Ventil geregelt

Kurz-Portrait John Kocinski

John Kocinski, geboren am 20. März 1968 in Little Rock, Arkansas, wo auch US-Präsident Bill Clinton herstammt, startete seine Motorrad-Karriere als Dreijähriger auf einem Kawasaki-Minibike, auf dem er ein Jahr darauf seinen ersten Sieg holte. »Meine Eltern haben mich immer unterstützt«, erzählt er aus diesen Tagen und erwähnt, daß ihm die Schule nie besonders wichtig war. »Ich tat dort, was ich tun mußte, aber meine Interessen lagen stets außerhalb der Schule.«

1981 fuhr er sein erstes Straßenrennen, 1985 wurde er US Endurance-Champion und von 1987 bis 1989 gewann er den US-Titel bei den 250ern in Folge. Auf internationalem Parkett folgten 1990 der 250er WM-Titel und von 1991 bis 1994 Einsätze in der 500er WM für Yamaha und Cagiva.

1995 startete »E.T. – der Außerirdische«, wie John wegen seiner Fahrkünste gern genannt wird, nur beim 600er-Rennen in Daytona, wo er auf einer Honda Zweiter wurde.

Für Honda zu fahren, war stets sein größter Wunsch, und nachdem er 1996 mit Ducati in der Superbike-WM debütierte, ging dieser Traum für 1997 schließlich in Erfüllung. »Daß ich in meinem ersten Jahr für Honda gleich den WM-Titel einfahre, befriedigt mich ungemein«, resümierte er nach dem Finale in Sentul. Doch er hat noch einen weiteren Traum. »Irgendwann für Honda in der 500er-WM starten – und den Titel gewinnen.« Dafür viel Glück, Great Little John!

Geheimnisträger: Syuhei Nakamoto, Chief Engineer bei HRC, kennt alle Geheimnisse der RC 45 und verriet bereits in Sentul, daß Honda 1998 mit einem völlig neuen Bremssystem antreten wird. Dieses soll dann vollkommen elektronisch arbeiten

Kurzer Progress: In der Winterpause erzog man dem Kurzhub-Motor gute Durchzugsmanieren an. In Hockenheim genossen wir das Leistungsband von 7000 bis 14500/min

Jäger-Grün

Entgegen manchen Vorhersagen blies die Werks-Kawasaki 1997 unter Harald Eckls Teamleitung zum Angriff auf die etablierte Superbike-Konkurrenz. In Hockenheim gingen wir den Talenten des grünen Jägers auf den Grund

Vermutlich hätte sich letzten Winter auf dem Rücken der Werks-Kawasaki in den Wett-Büros gutes Geld machen lassen. Nach dem Abschneiden der 1996 erstmals in der WM eingesetzten ZX-7 RR mit den Endrängen acht von Anthony Gobert und sieben von Simon Crafar hätten die Buchmacher wohl stattliche Quoten für die Superbike-WM 1997 ausgelobt. Kurzum: Niemand hatte Kawasaki im Vorfeld der '97er Saison auf der Rechnung.

Woran's lag, ist schnell erklärt. 1996 lobten die Fahrer zwar das Fahrwerk gegenüber der alten ZXR 750 RR, doch beklagten sie gleichzeitig deren Drehmomentschwäche. Nach moderner Motorenbau-Philosophie reduzierten die Kawasaki-Ingenieure den Kolbenhub von 47,3 auf 44,7 Millimeter, wonach sich die Zylinderbohrung bei gleichbleibend 749 cmΔ Hubraum von 71 auf 73 Millimeter vergrößerte. Mit 29 Millimetern einlaß- und 25 Millimetern auslaßseitig blieben die Durchmesser der Stahl-Ventile jedoch gleich. Theoretische Vorteile der breiten Bohrung und des von 25 auf 20 Grad reduzierten Ventilwinkels sind hingegen ein glattflächigerer Brennraum nebst Kolbenboden, was wiederum der Strömung und damit dem Drehmoment zu Gute kommen sollte. Dem entgegen setzt die Physik aber den kurzen Hub.

Angesichts zweier Pole-Positions in Misano und Hockenheim, einem zweiten, dreier dritter Plätze und insgesamt zwölf Top-Fünf-Resultaten von Simon Crafar und Akira Yanagawa in diesem Jahr bis einschließlich Laguna Seca drängt sich aber der Verdacht auf, daß alle, die die Neukonstruktion als Rückschritt abtaten, offenbar doch irrten. Entsprechend gespannt waren die Autoren dieses Vergleichs darauf, welchen Eindruck die giftgrüne Waffe im Kampf um die Superbike-WM in Hockenheim vermitteln würde.

Kupplung ziehen, erster Gang nach oben, und Mechaniker Uwe Weber

Werksteam für einen Tag: Jürgen Gassebner, Kawasaki-Teamchef Harald Eckl und Autoren-Kollege Michael Pfeiffer

schiebt uns in der Boxengasse an. Kurz lassen wir die Kupplung heraus, ein knapper Gasstoß, die Kawa bellt. Die ersten Runden nutzen wir zur Eingewöhnung, und loten das Leistungsband des maximal 14500/min drehenden Vierzylinders aus. Erstaunt registrieren wir, daß es doch Leben unter 10000/min gibt. Schon ab 7000/min schickt der Kurzhuber reichlich Kraft an's Dunlop-bewehrte Hinterrad, und so ab 9000/min spielt die Musik. Unter der 7000er-Marke ist eine gefühlvolle rechte Hand gefordert, denn die 41er-Keihin-Flachschiebervergaser sorgen bei schlagartigem Aufreißen der Schieber kurz für leichten Schluckauf. »Wir wissen, daß das Vergaser-Setup im unteren Bereich nicht ganz optimal ist, doch haben wir auf der Strecke damit keine Probleme«, weiß Larry Kano, der sich bereits unter der Teamleitung von Rob Muzzy um die Motoren kümmerte.

Nach einigen Runden geraten auch wir nicht mehr oft unter die 7000/min-Marke, sondern genießen vielmehr den gewaltigen Biß, den der wassergekühlte Reihenvierzylinder jenseits von 11000 Touren bietet. Dabei mischt sich das Heulen des Stirnradantriebes für die beiden Nockenwellen mit dem heiseren Ansaugschlürfen sowie dem aggressiven Fauchen aus der Scorpion-Vier-in-Zwei-in-Eins-Anlage zu einer Viertakt-Arie, wie sie seit Jahren nur die Kawasaki-Superbikes schmettern.

Die auf den 1,80 Meter großen Crafar abgestimmte Ergonomie der Maschine paßt bestens, und auch das Fahrwerkssetup kann, abgesehen von einer für unser Gewicht zu weichen Feder des hinteren Monoshocks, für uns so bleiben. Erfreulich versammelt sitzen wir auf der ZX-7 RR, und der kurze Tank ermöglicht, viel Gewicht auf's Vorderrad zu bringen, was uns beherzte Beschleunigungsmanöver kurvenausgangs erleichtert.

Beeindruckend an Crafar's Motorrad sind vor allem die formidablen Handlings-Qualitäten, die zum besten zählen, was wir bis dato auf Superbikes

Green Piece: Simon Crafars ZX-7RR begeistert mit extrem gutem Handling und einer geglückten Ergonomie des Arbeitsplatzes

erfahren durften. Spielerisch und fast ohne Kraftaufwand läßt sie sich einlenken und von einer Seite auf die andere legen – obwohl sie aufgrund der zu weichen Feder etwas schwanzlastig und so mit etwas verlängertem Nachlauf daherkommt. Wie gutmütig sich das Superbike verhält, wird auch in der Nordkurve deutlich. Wir bremsen so spät, wie wir es uns mit den hervorragend zu dosierenden und brachial wirkenden Brembo-Vierkolben-Bremsen trauen, und Bruchteile später beschleunigen wir im dritten Gang bereits vehement aus der Kurve und jagen am Ausgang mit beiden Rädern über die Curbs. Die maximal 156 PS, die der Motor an's Hinterrad schickt, lassen die Frontpartie dabei zwar leicht werden, doch unangenehmes Lenkerschlagen, wie wir es von der ZXR 750 RR noch kennen, tritt hier nicht auf.

Unterm Strich könnte die Prognose, die Larry Kano bei unserem Test abgab, denn auch rasch wahr werden. »Wir werden 1997 Rennen gewinnen. Auch andere Firmen haben etwas Zeit gebraucht, bis sie ein neues Motorrad zur Siegreife entwickelt hatten. 1998 könnte ein Kawa-Jahr werden«, mutmaßt der nette Amerikaner, der sich während der letzten 20 Jahre den verschiedensten Superbike-Motoren gewidmet hat.

Neben der funktionellen Technik wollen wir in diesem Fall aber auch kurz die Infrastruktur, in der dieses Werksmotorrad eingesetzt wird, beleuchten. Zweifellos hat der neue Teamchef Harald Eckl über den letzten Winter in der japanischen Kawasaki-Rennabteilung nämlich einiges bewegt und die Entwicklung stark vorangetrieben. Hinzu kommt ein um Welten professionelleres Auftreten auf den Rennstrecken, und überdies fand er mit Akira Yanagawa auch noch einen starken Gobert-Ersatz. All das reichte im Verein mit den Qualitäten der Werks-ZX-7 RR den grünen Jägern 1997 noch zum einen oder anderen Sieg – und '98 vielleicht sogar zum Weltmeister-Titel.

Gedrungenermaßen: Kurzer Radstand, steiler Lenkkopfwinkel und schwerpunktnah plazierte Baugruppen sind die konstruktiven Garanten für das Super-Handling des Crafar-Bikes

Kurzportrait
Kawasaki-Teamchef Harald Eckl

Harald Eckl fuhr ab ‘74 drei Jahre lang in der Zuvi. Von ‘77 bis ‘79 folgte der Deutsche Junioren-Pokal auf einer Yamaha TZ 350, den er ‘79 gewann. Von ‘81 bis ‘92 startete er im Grand Prix auf Aprilia, Honda und Yamaha bei den 250ern und 350ern. Bestes Ergebnis des heute 41Jährigen: Fünfter beim GP ‘84 in Anderstorp. Erste Qualitäten als Teamchef ließ Eckl ‘85/’86 erkennen, wo er mit Reinhold Roth in Eigenregie das Römer-Team betrieb. »Damals fuhren wir mit Eigenbau-Fahrwerken von Werner Juchem, und Helmut Fath baute dafür einen Motor auf Yamaha-Basis«, erzählt er. Von ‘93 bis ‘94 leitete er das Aprilia-GP-Team mit Stefan Kurfiss und Peter Ött. ‘95/’96 folgten zwei weitere Aprilia-Jahre, diesmal mit Werksmaterial unter Öttl und Manfred Geissler. Außerdem unterstützt Eckl seit ‘96 GP-Nachwuchsmann Steve Jenkner. Ende ‘96 übernahm er das Kawasaki-Werksteam, das nun direkt bei ihm in Vohenstrauß stationiert ist. Privat fährt der Ex-GP-Pilot nach wie vor gern Motorrad, meist mit Tochter Raphaela (10) und ist nach eigenen Angaben »süchtiger Golfer«. Neben der Rennfahrerei vernachlässigte Eckl übrigens seine Berufsausbildung nicht. Nach dem Abitur folgte ein Maschinenbau-Studium.

Prädikat sinnvoll: Das Cockpit der Crafar-Kawasaki ist aufgeräumt, alles ist dort plaziert, wo man es sucht. Dank Crafars Körpergröße paßte auch uns die Anordnung des Stummellenkers wie angegossen

Technische Daten
Crafar-Kawasaki ZX-7 RR

Motor

Bauart/Zylinderzahl: Viertakt-Reihe/4
Leistung: 156 PS am Hinterrad, ca. 169 PS an der Kurbelwelle
Bohrung x Hub: 73 x 44,7 mm
Hubraum: 749 cmΔ
Drehzahlbegrenzer: 14500/min
Anzahl der Gänge: 6

Gemischbildung

Hersteller/Anzahl: Keihin/4
Bauart: Flachschieber-Vergaser
Durchlaß: 41 mm

Fahrwerk und Ausstattung

Leichtmetall-Brückenrahmen. Vorn Öhlins-Upside-down-Gabel, hinten Öhlins-Federbein. Vorn 320 mm Brembo-Vierkolben-Doppelscheibenbremse, hinten 200 mm Brembo-Zweikolben-Einscheibenbremse

Räder und Reifen

Felgengröße vorn/hinten: 3.50 x 17/6.25 x 16,5
Reifenmarke: Dunlop
Größe vorn: 120/75-17
Größe hinten: 195/55-16,5

Gewicht

Trocken mit Öl und Wasser 162 kg

Vmax

306 km/h (gemessen beim WM-Lauf in Hockenheim 1997)

Teamadresse

Kawasaki Racing Team
Harald Eckl
Im Gstaudach 6
92648 Vohenstrauß

Sahne-Motor: Schon ab 7000/min schickt der Ultra-Kurzhuber reichlich Kraft ans Dunlop-bewehrte 16,5 Zoll-Hinterrad

Air-Play: seit Hockenheim startete man mit aerodynamisch günstigeren Lufteinlässen zu den beiden großen Ram-Air-Kanälen

In der Ascari-Schikane von Monza: Kollege Michael Pfeiffer, der noch heute gerne über jenes denkwürdige Bremsmanöver auf der Russell-Yamaha, wenige Sekunden zuvor, berichtet

Russell-Tier

Auf dem superschnellen Kurs von Monza hatten die PS-Tester das Vergnügen, mit der Werks-Yamaha des viermaligen Daytona-Siegers und Superbike-Weltmeisters von '93, Scott Russell, zu fahren

Mittlerweile ist die Yamaha YZF 750 SP schon leicht angegraut, und der Chef des Yamaha World Superbike Teams, Davide Brivio, macht keinen Hehl daraus, daß er 1998 eigentlich gerne ein neues Motorrad für die Superbike-WM gehabt hätte. Doch eine neue Maschine – gemunkelt wird von einer der brandneuen YZF-R1 ähnlichen Konstruktion mit Benzineinspritzung – wird frühestens für 1999 bereitstehen. »Also müssen wir versuchen, aus dem vorhandenen Material das Beste zu machen«, erklärt ein Mechaniker des beim italienischen Yamaha-Importeur und -Hersteller Belgarda stationierten Teams.

Im vergangenen Jahr mit den Fahrern Colin Edwards und Wataru Yoshikawa noch acht Mal auf dem Podest vertreten, tat sich die Yamaha-Mannschaft in diesem Jahr deutlich schwerer.

Scott Russell gelang es lediglich in Hockenheim und Brands Hatch unter die ersten Drei zu fahren, und seit Collin Edwards, der beim Auftakt im australischen Phillip Island einmal Zweiter war, aufgrund der Kollission mit Jean-Philippe Ruggia in Monza pausieren mußte und von Chris Walker ersetzt wurde, flossen die WM-Punkte noch spärlicher.

Kompakt-Klasse: Kurz, niedrig und gedrungen steht die Werks-Yamaha YZF 750 SP in der geschichtsträchtigen Boxengasse von Monza und wartet auf ihren Auslauf

Altbekannt: Mittlerweile ist das YZF-Konzept in die Jahre gekommen, und die Entwickler wünschen sich nichts sehnlicher, als einen kürzeren Motor und eine längere Schwinge

Bei der Musik: Gut 160 PS leistet das »Russell-Tier« bei 13800 Umdrehungen pro Minute. In unserem Fall immerhin für 262 km/h Topspeed auf der Zielgeraden im italienischen Monza gut

Den Hebel angesetzt: Der kleine, innere Hebel betätigt via Daumen zwei der vier Bremskolben der hinteren Bremsanlage

Allein aus diesen Gründen waren wir auf den schnellsten Viertakter gespannt, den Yamaha 1997 weltweit aufzubieten hatte.

Bereits beim Herausbeschleunigen aus der ehrwürdigen Boxenstraße von Monza, wo sich eine Woche zuvor noch Schumi und Co die Kante gaben, straft der Vierzylinder aber alle Lügen, die behaupten, daß es ihm an Leistung mangelte. »Ihr fahrt heute sozusagen den mittleren Motor mit relativ viel Kraft im mittleren Drehzahlbereich. Für Monza würden wir im Rennen die Variante mit noch mehr Spitzenleistung vorziehen, doch dieser hier läßt sich besonders schön fahren«, erinnern wir uns an die erklärenden Worte, die uns Cheftechniker Firenzo Fanali vorher noch mit auf den Weg gab.

Tatsächlich zieht das mit einer erleichterten Kurbelwelle, Titanpleueln und Titanventilen bestückte Triebwerk bereits ab 6000/min ruckfrei an, legt ab 8000/min spürbar an Leistung zu und beißt dann von 10000/min bis etwa 13800/min richtig zu. Gerade in den Schikanen, wo wir bis in den ersten Gang herunterschalten müssen, erweist sich die Motorcharakteristik als äußerst angenehm, gestattet sie doch gleichermaßen gefühlvoll wie vehement aus den Ecken herauszufahren und das Hinterrad zu kontrollieren.

Lediglich auf den beiden langen Geraden – einmal von der Ascari-Schikane hinunter zur Parabolica, einer schnellen 4. Gang-Rechtskurve, sowie der Zielgeraden, spüren wir, daß dem Triebwerk ganz oben das letzte Quentchen Spitzenleistung fehlt. Über 13800/min zu drehen, bringt wenig, und so verzichten wir nach und nach darauf, die Drehzahlgrenze von 14300/min auszunutzen.

Wesentlich dankbarer registrieren die Stoppuhren in der Boxengasse unsere Optimierungsversuche hinsichtlich der Bremspunkte. Hier scheinen die Sekunden auf dem traditionsreichen Boden von Monza geradezu herumzuliegen, und so tasten wir uns anfangs mutig in 50 Meter-Schritten an unser persönliches Limit vor. Die exzellent und dabei so brachial wirkenden Nissin-Sechskolbenzangen unterstützen uns in einer Weise, die zunächst als ungemein angenehm weil vertrauenerweckend empfunden wird. Kollege Alan Cathcart, der als Dritter ebenfalls mit von der Tester-Partie ist, bringt es mit seinem englischen Humor trefflich auf den Punkt: »In gewisser Weise ist diese Bremse schlecht. Sie ist nämlich so gut, daß du denkst, du könntest zu spät bremsen.« Dem widersprechen wir nicht, vorallem nachdem wir vor der dritten Schikane ein wenig zu heftig in die Eisen gehen. »Hier verlor das Hinterrad den Bodenkontakt, und vorne stempelte es ordentlich«, erklärt uns der Data-Recording-Mann nach einem Fast-Überschlag nach vorn bei gut 200 km/h.

Etwas problematischer als der Umgang mit der vorzüglichen Bremse und dem angenehm zu fahrenden 160 PS-Vierzylinder gestaltet sich der Umtrieb mit dem Fahrwerk. »Für uns besteht die

Aufgabe auf den verschiedenen Strecken stets darin, einen optimalen Kompromiß aus Handling, Hochgeschwindigkeits- und Brems-Stabilität sowie Traktion zu finden«, erklärt einer der Mechaniker.

Das Setup der Yamaha am heutigen Tag gibt uns keinen großen Anlaß zur Klage. Handling und Zielgenauigkeit erinnern uns durchaus an eine mit hochgestelltem Heck abgestimmte Straßen-YZF. Und im Bereich der Höchstgeschwindigkeit, die in Monza in unserem Fall bei 264 km/h liegt, beginnt die Russell-Yamaha nur dann mit Pendelbewegungen, wenn die Lenkerstummel verkrampft und nicht locker gehalten werden. Dennoch, narrensicher ist dieses Fahrverhalten nicht. Die Stabilität ist nicht so gut wie bei einem Serienmotorrad, wohl auch ein Verdienst der haftfreudigen aber extrem auf Handling ausgelegten Slicks.

Die Abstimmung der Federelemente wählte Scott Russell betont straff, und schnell ist uns auch klar, wieso er

Doppelt bremst besser: zwei Bremskolben werden per Fuß, zwei hingegen per Daumen der linken Fahrerhand betätigt

Technische Daten
Russell-Yamaha YZF 750 SP

Motor

Bauart/Zylinderzahl:	Viertakt-Reihe/4
Leistung:	circa 160 PS an der Kurbelwelle bei 13800/min
Bohrung x Hub:	72 x 46 mm
Hubraum:	749 cmΔ
Drehzahlbegrenzer:	14300/min
Anzahl der Gänge:	6

Gemischbildung

Hersteller/Anzahl:	Keihin/4
Bauart:	Flachschieber-Vergaser
Durchlaß:	39 oder 41 mm

Fahrwerk und Ausstattung

Leichtmetall-Brückenrahmen. Vorn Öhlins-Upside-down-Gabel, hinten Öhlins-Federbein. Vorn 320 mm Nissin-Sechskolben-Doppelscheibenbremse, hinten 200 mm Nissin-Vierkolben-Einscheibenbremse

Räder und Reifen

Felgengröße vorn/hinten:	3.75 x 17/6.25 x 16,5 oder 6.25 x 17
Reifenmarke:	Dunlop
Größe vorn:	120/75-17
Größe hinten:	195/55-16,5

Gewicht

Trocken mit Öl und Wasser 162 kg

Vmax

310 km/h (gemessen beim WM-Lauf in Hockenheim 1997)

Teamadresse

Yamaha World Superbike Team
c/o Belgarda Spa
Via Tinelli 67/69
20050 Gerno di Lesmo (MI), Italien

dies macht: Nur so sinkt die YZF beim Einfedern wenig ein und sorgt für angenehmes Handling. Mit einer weicheren Feder könnte man sicher auf Bodenwellen mehr Grip erzielen, aber die Yamaha läge in Schräglage dann so tief, daß das gefürchtete Running-Wide auftreten und die YZF am Kurven-Ausgang nach außen treiben würde. So benützen wir nur 80 Millimeter des eigentlich üppigen Federwegs am Hinterrad und erfreuen uns einer beispielhaften Neutralität. Gasgriffbewegungen haben kaum Einfluß auf das Fahrwerk, Lastwechsel nimmt die YZF mit der Gelassenheit eines stoischen Kaltblüters hin. Trotz dieser eigentlich handlingfördernden Abstimmung könnte die Yamaha ruhig ein wenig zackiger einlenken. In diesem Bereich zeigt es sich einfach, daß die Yamaha eine inzwischen fünf Jahre alte Konstruktion ist und die Konkurrenz mit ihren aggressiveren Rahmengeometrien einen Vorsprung haben. Die Gabel, wie das Federbein feinstes Öhlins-Material, glänzt mit einer perfekten Abstimmung, allerdings muß mann auch sagen, daß die High-Speed-Piste in Monza wenig Aufregendes für eine Gabel bietet. Zumindest, wenn mann nicht ganz so viel Gas macht wie Scott Russel.

Unterm Strich hinterläßt die Yamaha den Eindruck eines sehr ausgereiften Superbikes das mit einem hohen Maß an einsetzbarer Motorleistung glänzt. Das fehlende letzte Quentchen an Spitzenleistung sowie die Problematik der Hinterradaufhängung und der Rahmengeometrie dürften indes weiterhin absolute Spitzenplazierungen verhindern. Wir dürfen deshalb gespannt sein, inwiefern Yamaha in der Lage ist, für die '98er Saison noch nachzulegen. Den ganz großen Schritt nach vorn wird wohl erst das Nachfolgemodell 1999 machen. Scott Russel durfte die 1000er-Straßenversion R1 schon fahren. Er war so begeistert, daß er sich am liebsten gleich die Verkleidung umgesteckt hätte und damit zum nächsten Weltmeisterschafts-Lauf gedüst wäre.

Kurzportrait Scott Russell

Scott Russell, geboren am 28.10.1964 in Atlanta, Georgia, startete seine Karriere relativ spät, und fuhr bis zu seinem 22. Lebensjahr nur auf der Straße. 1986 fuhr er sein erstes Rennen, und schon drei Jahre später, 1989, gewann er den 'AMA Rookie of the year award', des besten US-Nachwuchsfahrers. In den folgenden Jahren belegte er Rang zwei und drei im AMA 750 Supersport-Championat, und 1992 errang er den Titel des AMA Superbike-Champions. Sein bis dahin erfolgreichstes Jahr krönte er zudem mit dem Sieg bei den 200 Meilen von Daytona, die er in der Folge 1994, 1995 und 1997 ebenfalls gewann. Dies brachte ihm den Spitznamen 'Mr. Daytona' ein. 1993 gewann er schließlich die Superbike-WM auf Kawasaki knapp vor Carl Fogarty, außerdem siegte er bei den 8 Stunden von Suzuka. Das Jahr 1994 schloß er als Vizeweltmeister ab, bevor er 1995 und 1996 für Suzuki in der 500er-WM fuhr.

Deutsche Wertarbeit: Der hervorragend einzusetzende Schaltautomat, der das Durchschalten ohne Gaswegnahme und Kuppeln erlaubt, stammt vom deutschen Hersteller KLS

Action total: Die Akteure der Superbike-WM boten auch 1997 wieder eine Show vom Feinsten

Die Fahrer

Start-Nr.:	***2***
Name:	*Slight*
Vorname:	*Aaron*
Nationalität:	*NZ*
Geburtstag:	*19.01.66*
Familienstand:	*verheiratet*
Team:	*Castrol Honda*

Start-Nr.:	***3***
Name:	*Kocinski*
Vorname:	*John*
Nationalität:	*USA*
Geburtstag:	*20.03.68*
Familienstand:	*ledig*
Team:	*Castrol Honda*

Start-Nr.:	***4***
Name:	*Fogarty*
Vorname:	*Carl George*
Nationalität:	*GB*
Geburtstag:	*01.07.66*
Familienstand:	*verheiratet*
Team:	*ADVF Ducati Corse*

Start-Nr.:	***6***
Name:	*Crafar*
Vorname:	*Simon*
Nationalität:	*NZ*
Geburtstag:	*15.01.69*
Familienstand:	*verheiratet*
Team:	*Kawasaki Racing Team*

Start-Nr.:	***7***
Name:	*Chili*
Vorname:	*Pierfrancesco*
Nationalität:	*I*
Geburtstag:	*20.06.64*
Familienstand:	*verheiratet*
Team:	*Gattolone Ducati*

Start-Nr.:	***8***
Name:	*Yanagawa*
Vorname:	*Akira*
Nationalität:	*J*
Geburtstag:	*15.06.71*
Familienstand:	*verheiratet*
Team:	*Kawasaki Racing Team*

Start-Nr.:	***9***
Name:	*Hodgson*
Vorname:	*Neil*
Nationalität:	*GB*
Geburtstag:	*20.11.73*
Familienstand:	*ledig*
Team:	*ADVF Ducati Corse*

Start-Nr.: ***11***
Name: *Hale*
Vorname: *Mike*
Nationalität: *USA*
Geburtstag: *14.12.72*
Familienstand: *ledig*
Team: *Suzuki*

Start-Nr.: ***12***
Name: *Whitham*
Vorname: *James*
Nationalität: *GB*
Geburtstag: *06.09.66*
Familienstand: *ledig*
Team: *Suzuki*

Start-Nr.: ***13***
Name: *Meklau*
Vorname: *Andreas*
Nationalität: *A*
Geburtstag: *06.07.67*
Familienstand: *verheiratet*
Team: *BLM Ducati*

Start-Nr.: ***15***
Name: *Bontempi*
Vorname: *Piergiorgio*
Nationalität: *I*
Geburtstag: *06.02.68*
Familienstand: *verheiratet*
Team: *Bertocchi Kawasaki*

Start-Nr.: **17**
Name: *Riba Cabana*
Vorname: *Pere*
Nationalität: *E*
Geburtstag: *02.05.69*
Familienstand: *ledig*
Team: *White Endurance Team Honda*

Start-Nr.: **21**
Name: *Schmid*
Vorname: *Jochen*
Nationalität: *D*
Geburtstag: *16.08.63*
Familienstand: *ledig*
Team: *Team Green Kawasaki*

Start-Nr.: **22**
Name: *Russell*
Vorname: *Scott*
Nationalität: *USA*
Geburtstag: *28.10.64*
Familienstand: *ledig*
Team: *Yamaha World Superbike Team*

Start-Nr.: **31**
Name: *Jerman*
Vorname: *Igor*
Nationalität: *SLO*
Geburtstag: *12.07.75*
Familienstand: *ledig*
Team: *Team MD Depala Vas*

Start-Nr.:	***35***
Name:	*Lavilla*
Vorname:	*Gregorio*
Nationalität:	*E*
Geburtstag:	*29.09.73*
Familienstand:	*ledig*
Team:	*De Cecco Racing*

Start-Nr.:	***45***
Name:	*Edwards*
Vorname:	*Colin*
Nationalität:	*USA*
Geburtstag:	*14.12.72*
Familienstand:	*ledig*
Team:	*Yamaha World Superbike Team*

Start-Nr.:	***52***
Name:	*Gruschka*
Vorname:	*Anton*
Nationalität:	*D*
Geburtstag:	*14.02.64*
Familienstand:	*verheiratet*
Team:	*Bauer Yamaha Racing Team*

Start-Nr.:	***53***
Name:	*Mark*
Vorname:	*Udo*
Nationalität:	*D*
Geburtstag:	*20.09.63*
Familienstand:	*ledig*
Team:	*Suzuki Deutschland*

Die Superbike-WM in Zahlen

Superbike-WM 1988

WM-Endstand	Punkte
1. Fred Merkel, USA, Honda	99
2. Fabrizio Pirovano, I, Yamaha	93,5
3. Davide Tardozzi, I, Bimota	91,5
4. Stéphane Mertens, B, Bimota	90,5
5. Marco Lucchinelli, I, Ducati	64

Superbike-WM 1989

WM-Endstand	Punkte
1. Fred Merkel, USA, Honda	272
2. Stéphane Mertens, B, Honda	265
3. Raymond Roche, F, Ducati,	222
4. Fabrizio Pirovano, I, Yamaha	208
5. Anders Anderson, S, Yamaha	159

Superbike-WM 1990

WM-Endstand	Punkte
1. Raymond Roche, F, Ducati	391
2. Fabrizio Pirovano, I, Yamaha	337
3. Stéphane Mertens, B, Honda	321
4. Rob Phillis, AUS, Kawasaki	252
5. Rob McElnea, GB, Yamaha	236

Superbike-WM 1991

WM-Endstand	Punkte
1. Doug Polen, USA, Ducati	432
2. Raymond Roche, F, Ducati	282
3. Rob Phillis, AUS, Kawasaki	266
4. Stéphane Mertens, B, Ducati	222
5. Fabrizio Pirovano, I, Yamaha	194

Superbike-WM 1992

WM-Endstand	Punkte
1. Doug Polen, USA, Ducati	371
2. Raymond Roche, F, Ducati	336
3. Rob Phillis, AUS, Kawasaki	289
4. Giancarlo Falappa, I, Ducati	279
5. Fabrizio Pirovano, I, Yamaha	278

Superbike-WM 1993

WM-Endstand	Punkte
1. Scott Russell, USA, Kawasaki	378,5
2. Carl Fogarty, GB, Ducati	349,5
3. Aaron Slight, NZ, Kawasaki	316
4. Fabrizio Pirovano, I, Yamaha	290
5. Giancarlo Falappa, I, Ducati	255

Superbike-WM 1994

WM-Endstand	Punkte
1. Carl Fogarty, GB, Ducati	305
2. Scott Russell, USA, Kawasaki	280
3. Aaron Slight, NZ, Honda	277
4. Doug Polen, USA, Honda	158
5. Simon Crafar, NZ, Kawasaki	153

Superbike-WM 1995

WM-Endstand	Punkte
1. Carl Fogarty, GB, Ducati	478
2. Troy Corser, AUS, Ducati	339
3. Aaron Slight, NZ, Honda	323
4. Anthony Gobert, AUS, Kawasaki	222
5. Yasutomo Nagai, J, Kawasaki	188

Superbike-WM 1996

WM-Endstand	Punkte
1. Troy Corser, AUS, Ducati	369
2. Aaron Slight, NZ, Honda	347
3. John Kocinski, USA, Ducati	337
4. Carl Fogarty, GB, Honda	331
5. Colin Edwards II, USA, Yamaha	248

Der Superbike-Weltmeister '97: John Kocinski aus Little Rock/Arkansas auf Honda RC 45

Superbike-WM 1997

WM-Endstand (nach 24 Läufen)	Punkte
1. John Kocinski, USA, Honda	416
2. Carl Fogarty, GB, Ducati	358
3. Aaron Slight, NZ, Honda	343
4. Akira Yanagawa, J, Kawasaki	247
5. Simon Crafar, NZ, Kawasaki	234
6. Scott Russell, USA, Yamaha	226
7. Pierfrancesco Chili, I, Ducati	209
8. Jamie Whitham, GB, Suzuki	140
9. Neil Hodgson, GB, Ducati	137
10. Piergiorgio Bontempi, I, Kawasaki	118
11. Mike Hale, USA, Suzuki	87
12. Colin Edwards, USA, Yamaha	79
13. Noriyuki Haga, J, Yamaha	72
14. Pere Riba Cabana, E, Honda	69
15. Igor Jerman, SLO, Kawasaki	50
16. Chris Walker, GB, Yamaha	47
17. Jochen Schmid, D, Kawasaki	**46**
18. Andreas Meklau, A, Ducati	40
19. Miguel Duhamel, USA, Honda	32
20. Troy Bayliss, AUS, Suzuki	22

Superbike-WM 1997

Marken-WM (nach 24 Läufen)	Punkte
1. Honda	486
2. Ducati	440
3. Kawasaki	359
4. Yamaha	301
5. Suzuki	205

Superbike-EM 1997

EM-Endstand (nach 16 Läufen)	Punkte
1. Udo Mark, D, Suzuki	**250**
2. Giorgio Cantalupo, I, Ducati	228
3. Anton Gruschka, D, Yamaha	**215**
12. Michael Rudroff, D, Suzuki	**36**
13. Rainer Jänisch, D, Suzuki	**36**

Rennergebnisse Suberbike-WM 1997

Supersport Worldseries 1997

Endstand (nach 11 Läufen) Punkte

1.	Paolo Casoli, I, Ducati	145
2.	Vittoriano Guareschi, I, Yamaha	144
3.	Yves Briguet, CH, Suzuki	134
4.	Stéphane Chambon, F, Ducati	119
5.	Massimo Meregalli, I, Yamaha	96
6.	Stéphane Mertens, B, Suzuki	93
7.	Michael Paquay, B, Honda	93
8.	Fabrizio Pirovano, I, Ducati	87
9.	Wilco Zeelenberg, NL, Honda	84
10.	**Thomas Körner, D, Ducati**	**61**
11.	Christophe Cogan, F, Ducati	51
12.	Marc Garcia, F, Honda	51
13.	Giovanni Bussei, I, Suzuki	51
14.	Marco Risitano, I, Kawasaki	37
15.	Jeffry De Vries; NL, Yamaha	37
20.	**Bernhard Schick, D, Ducati**	**17**
23.	**Jörg Teuchert, D, Yamaha**	**14**
29.	**Peter Koller, D, Kawasaki**	**8**

European Supermono 1997

Endstand (nach 8 Läufen) Punkte

1.	Makoto Suzuki, J, Over-Yamaha	191
2.	**André Friedrich, D, MuZ Skorpion**	**137**
3.	**Elli Bindrum, D, MuZ Skorpion**	**66**
4.	Lex van Dijk, NL, Alpha-Gilex	62
5.	John Barton, GB, Ducati	54
6.	Steve Ruth, GB, Tigcraft	54
7.	**Wolfgang Melchinger, D, GDM-Rotax**	**52**
8.	Ivan Piccina, I, Corb	42
9.	Carl James, GB, BMW	42
10.	**Frank Schüller, D, Rotax**	**31**
11.	Steve Marlow, GB, Yamaha	29
12.	Massimo Temporali, I, Ducati	28
13.	Gary Cotterell, GB, Tigcraft	24
14.	**Guido Metzler, D, BMR-Suzuki**	**23**
15.	**Manfred Kehrmann, D, BMR-Suzuki**	**20**

Wurde Vize-Europameister: André Friedrich auf MuZ

Phillip Island/AUS, 23.03.97

Streckenlänge: 4,448 km
Rundenrekord: Anthony Gobert, AUS, Kawasaki, 1996 in 1:35,495 min

Pole Position: Aaron Slight, NZ, Honda, in 1:34,683 min (= 169,196 km/h)

1. Lauf:

1. John Kocinski, USA,Honda in 41:16,551 min (= 142,310 km/h)
2. Carl Fogarty, GB, Ducati, 15,722 s zur.
3. Simon Crafar, NZ, Kawasaki,28,942 s zur.
4. Akira Yanagawa, J, Kawasaki, 40,940 s zur.
5. Troy Bayliss, AUS, Suzuki, 1:28,949 min zur.
6. Martin Cragill, AUS, Kawasaki
7. Scott Russell, USA, Yamaha
8. **Andreas Meklau, A, Ducati**
9. Shawn Giles, AUS, Honda
10. Pere Riba, E, Honda
11. Jason Love, AUS, Ducati
12. Igor Jerman, SLO, Kawasaki
13. Ben Archibald, AUS, Kawasaki
14. Greg Moss, AUS, Honda, (alle 1 Rde. zur.)
15. Craig Stafford, AUS, Yamaha, (2 Rdn. zur.)

Schnellste Runde:
Kocinski in 1:49,306 min (= 146,561 km/h)

2. Lauf:

1. Aaron Slight, NZ, Honda in 35:33,916 min (= 165,161 km/h)
2. Colin Edwards, USA, Yamaha,0,033 s zur.
3. Crafar, 0,757 s zur.
4. Fogarty, 8,235 s zur.
5. Bayliss, 17,997 s zur.
6. Russell
7. Kocinski
8. Damon Buckmaster, AUS, Kawasaki
9. Craggill
10. Giles
11. Craig Connell, AUS, Ducati
12. Piergiorgio Bontempi, I, Kawasaki
13. Jamie Whitham, GB, Suzuki
14. James Haydon, GB, Ducati
15. **Meklau**

Schnellste Runde:
Edwards in 1:36,078 min (= 166,739 km/h)

Misano/RSM, 20.04.97

Streckenlänge: 4,060 km
Rundenrekord: John Kocinski, USA, Ducati, 1996 in 1:34,296 min (= 155,001 km/h)
Pole-Position: Akira Yanagawa, J, Kawasaki in 1:33,494 min (= 156,330 km/h)

1. Lauf:

1. Pierfrancesco Chili, I, Ducati in 48:44,232 min (=124,956 km/h)
2. John Kocinski, USA, Honda, 14,194 s zur.
3. Carl Fogarty, GB, Ducati, 1:04,122 min zur.
4. Aaron Slight, NZ, Honda, 1:19,037 min zur.
5. Simon Crafar, NZ, Kawasaki, 1:38,413 min zur.
6. Colin Edwards, USA, Yamaha
7. Neil Hodgson, GB, Ducati
8. Piergiorgio Bontempi, I, Kawasaki
9. Pere Riba Cabana, E, Honda
10. Christian Lavieille, F, Honda
11. Gianluca Cantalupo, I, Ducati
12. Roberto Assirelli, I, Yamaha
13. Igor Jerman, SLO, Kawasaki
14. Jtri Mrkyvka, TCH, Honda
15. Bruno Scatola, I, Kawasaki

Schnellste Runde:
Chili in 1:53,651 s (= 128,604 km/h)

2. Lauf:

1. Kocinski, in 47:44,390 min (= 127,566 km/h)
2. Slight, 31,863 s zur.
3. Fogarty, 40,543 s zur.
4. Hodgson, 47,495 s zur.
5. Yanagawa, 52,948 s zur.
6. Scott Russell, USA, Yamaha
7. Crafar
8. Edwards
9. Riba Cabana
10. Lavieille
11. James Haydon, GB, Ducati
12. Mike Hale, USA, Suzuki
13. Cantalupo
14. Scatola
15. Mrkyvka

Schnellste Runde:
Kocinski in 1:52,706 min (= 129,682 km/h)

Donington/GB, 04.05.97

Streckenlänge: 4,023 km
Rundenrekord: Troy Corser, AUS, Ducati, 1996 in 1:33,47 min (= 154,95 km/h)
Pole-Position: Neil Hodgson, GB, Ducati in 1:33,748 min (= 154,486 km/h)

1. Lauf:
1. Slight in 39:52,127 min (= 151,359 km/h)
2. Fogarty, 1,683 s zur.
3. Crafar, 4,451 s zur.
4. Hodgson, 4,654 s zur.
5. Edwards, 9,348 s zur.
6. Russell
7. Niall Mackenzie, GB, Yamaha
8. Jamie Whitham, GB, Suzuki
9. John Reynolds, GB, Ducati
10. Kocinski
11. Bontempi
12. Christer Lindholm, S, Yamaha
13. Gregorio Lavilla, E, Ducati
14. Sean Emmett, GB, Ducati
15. Hale
17. **Andreas Meklau, A, Ducati**
21. **Anton Gruschka, D, Yamaha**

Schnellste Runde:
Chili in 1:34,723 min (= 152,896 km/h)

2. Lauf:
1. Fogarty in 39:48,996 min (= 151,557 km/h)
2. Chili, 3,892 s zur.
3. Slight, 4,137 s zur.
4. Crafar, 6,380 s zur.
5. Kocinski, 8,215 s zur.
6. Edwards
7. Russell
8. Mackenzie
9. Hodgson
10. Whitham
11. Reynolds
12. Emmett
13. Lavilla
14. **Meklau**
18. **Anton Gruschka, D, Yamaha**

Schnellste Runde:
Fogarty in 1:34,637 s (= 153,095 km/h)

Hockenheim/D, 8.06.97

Streckenlänge: 6,792 km
Rundenrekord: Troy Corser, AUS, Ducati, 1996 in 2:00,79 min (= 202,457 km/h)
Pole Position: Simon Crafar in 2.00,812 min (= 202,390 km/h)

1. Lauf:
1. Aaron Slight, NZ, Honda in 28:54,050 min (=197,409 km/h)
2. John Kocinski, USA, Honda, 0,035 s zur.
3. Scott Russell, USA, Yamaha, 6,401 s zur.
4. Carl Fogarty, GB, Ducati, 6,401 s zur.
5. Pierfrancesco Chili, I, Ducati, 6,633 s zur.
6. Neil Hodgson, GB, Ducati
7. Colin Edwards, USA, Yamaha
8. Akira Yanagawa, J, Kawasaki
9. Mike Hale, USA, Suzuki
10. Andreas Meklau, A, Ducati
11. Piergiorgio Bontempi, I, Kawasaki
12. Christer Lindholm, S, Yamaha
13. **Jochen Schmid, D, Kawasaki**
14. Jamie Whitham, GB, Suzuki
15. **Udo Mark, D, Yamaha**
18. **Anton Gruschka, D, Yamaha**
23. **Harry Fath, D, Ducati**

Schnellste Runde: Kocinski in 2.02,155 min (= 200,165 km/h) in Runde 11

2. Lauf:
1. Fogarty in 28:57,410 min (=197,027 km/h)
2. Yanagawa, 0,697 s zur.
3. Whitham, 1,399 s zur.
4. Russell, 4,167 s zur.
5. Edwards, 4,435 s zur.
6. Simon Crafar, NZ, Kawasaki
7. Chili
8. Hodgson
9. Schmid
10. Meklau
11. Bontempi
12. Lindholm
13. Gregorio Lavilla, E, Ducati
14. Kocinski
15. **Udo Mark**

Schnellste Runde: Fogarty in 2.02,587 min (= 199,459 km/h) in Runde 14

Monza/I, 22.06.97

Streckenlänge: 5,770 km
Rundenrekord: Pierfrancesco Chili, I, Ducati, 1996 in 1:47,224 min (= 193,725 km/h)
Pole Position: Scott Russell, USA, Yamaha in 1:46,884 min (=194,341 km/h)

1. Lauf:
1. John Kocinski, USA, Honda in 32:41,944 min (=190,574 km/h)
2. Aaron Slight, NZ, Honda, 0,005 s zur.
3. Carl Fogarty, GB, Ducati, 0,008 s zur.
4. Simon Crafar, NZ, Kawasaki, 0,382 s zur.
5. Scott Russell, USA, Yamaha, 0,629 s zur.
6. Jamie Whitham, GB, Suzuki
7. Pierfrancesco Chili, I, Ducati
8. Akira Yanagawa, J, Kawasaki
9. Piergiorgio Bontempi, I, Kawasaki
10. Mike Hale, USA, Suzuki
11. **Andreas Meklau, A, Ducati**
12. James Haydon, GB, Ducati
13. **Jochen Schmid, D, Kawasaki**
14. Jean-Phillipe Ruggia, F, Yamaha
15. Igor Jerman, SLO, Kawasaki
17. **Udo Mark, D, Suzuki**
19. **Anton Gruschka, D, Yamaha**

Schnellste Runde: Slight in 1:47,476 min (=193,271 km/h) in Runde 15

2. Lauf:
1. Chili in 36:46,817 min (=169,428 km/h)
2. Kocinski, 1,840 s zur.
3. Whitham, 7,088 s zur.
4. Fogarty, 8,348 s zur.
5. Slight, 40,424 s zur.
6. Bontempi
7. Crafar
8. Russell
9. Hale
10. **Schmid**
11. Piere Riba Cabana, E, Honda
12. **Mark**
13. Haydon
14. Jean-Marie Deletang, F, Yamaha
15. Gianluca Cantalupo, I, Ducati
18. Gruschka

Schnellste Runde: Chili in 1:59,581 min (=173,706 km/h) in Runde 12

Laguna Seca/USA, 13.07.97

Streckenlänge: 3,610 km
Rundenrekord: John Kocinski, USA, Ducati, 1996 in 1:26,983 min
Pole Position: Chili in 1:26,628 min (= 150,020 km/h)

1. Lauf:
1. Kocinski in 41:00,380 min (= 147,899 km/h)
2. Fogarty, 0,139 s zur.
3. Miguel Duhamel, USA, Honda, 8,707 s zur.
4. Crafar, 14,238 s zur.
5. Doug Chandler, USA, Kawasaki, 18,930 s zur.
6. Russell
7. Slight
8. Whitham
9. Bontempi
10. Yanagawa
11. Steve Crevier, USA, Honda
12. Tom Kipp, USA, Yamaha
13. Pascal Picotte, USA, Suzuki
14. Hale
15. Jerman

Schnellste Runde: Fogarty in 1:27,148 min (= 149,125 km/h) in Runde 22

2. Lauf:
1. Kocinski in 40:57,308 min (= 148,084 km/h)
2. Fogarty, 4,862 s zur.
3. Duhamel, 8,554 s zur.
4. Russell, 8,612 s zur.
5. Yanagawa, 10,527 s zur.
6. Chili
7. Bontempi
8. Kipp
9. Neil Hodgson, GB, Ducati
10. Slight
11. Aaron Yates, USA, Suzuki
12. Crevier
13. Jerman
14. Mike Krynok, USA, Suzuki

Schnellste Runde: Kocinski in 1:27,092 min (0 149,221 km/h) in Runde 20

Brands Hatch/EU, 03.08.97

Streckenlänge: 4,185 km
Rundenrekord: Carl Fogarty, GB, Ducati, 1997 in 1:26,366 min (= 174,443 km/h)
Pole Position: Pierfrancesco Chili, I, Ducati in 1:25,960 min (=175,26 km/h)

1. Lauf:
1. Chili in 36:23,452 min (= 172,502 km/h)
2. Scott Russell, USA, Yamaha, 2,072 s zur.
3. Niall Mackenzie, GB, Yamaha, 2,541 s zur. (später disqualifiziert)
4. John Kocinski, USA, Honda, 3,008 s zur.
5. Neil Hodgson, GB, Ducati, 5,832 s zur.
6. Akira Yanagawa, J, Kawasaki
7. Aaron Slight, NZ, Honda
8. Jamie Whitham, GB, Suzuki
9. Piergiorgio Bontempi, I, Kawasaki
10. Mike Hale, USA, Suzuki
11. Chris Walker, GB, Yamaha
12. Michael Rutter, GB, Honda
13. Ray Stringer, GB, Kawasaki
14. Pere Riba Cabana, E, Honda
15. Bret Sampson, GB, Kawasaki

Schnellste Runde:
Mackenzie in 1:26,525 min (= 174,123 km/h)

2. Lauf:
1. Carl Fogarty, GB, Ducati in 39:31,922 min (= 158,795 km/h)
2. Kocinski, 4,754 s zur.
3. Michael Rutter, GB, Honda, 15,869 s zur.
4. Yanagawa, 17,488 s zur.
5. Russell, 17,499 s zur.
6. Hodgson
7. Simon Crafar, NZ, Kawasaki
8. Slight
9. Whitham
10. Walker
11. Hale
12. Bontempi
13. Riba Cabana
14. Phil Giles, GB, Kawasaki
15. Igor Jerman, SLO, Kawasaki
19. **Anton Gruschka, D, Yamaha**

Schnellste Runde: Fogarty in 1:26,366 min (= 174,443 km/h, neuer Rundenrekord)

A1-Ring/A, 17.08.97

Streckenlänge: 4,318 km
Rundenrekord: Akira Yanagawa, J, Kawasaki, 1997 in 1:30,660 min (= 171,502 km/h)
Pole Position: Chili in 1:30,806 min (= 171,226 km/h)

1. Lauf:
1. Fogarty in 38:11,804 min (= 169,609 km/h)
2. Yanagawa, 0,297 s zur.
3. Slight, 0,615 s zur.
4. Chili, 1,090 s zur.
5. Kocinski, 1,481 s zur.
6. Crafar
7. Russell
8. Hodgson
9. Bontempi
10. Whitham
11. Hale
12. Walker
13. **Udo Mark, D, Suzuki**
14. **Jochen Schmid, D, Kawasaki;**
15. Andreas Meklau, A, Ducati;
18. **Gruschka**

Schnellste Runde:
Yanagawa in 1:30,945 min (= 170,964 km/h)

2. Lauf:
1. Yanagawa in 38:18,104 min (= 169,144 km/h)
2. Slight, 0,121 s zur.
3. Kocinski, 7,264 s zur.
4. Russell, 19,459 s zur.
5. Bontempi, 19,645 s zur.
6. Whitham
7. Hale
8. Meklau
9. **Mark**
10. Walker
11. **Schmid**
12. Riba Cabana
13. Jerman
14. **Gruschka**
15. G. Esterer, A, Kawasaki

Schnellste Runde:
Yanagawa in 1:30,660 min (= 171,502 km/h)

Assen/NL, 31.08.97

Streckenlänge: 6,049 km
Rundenrekord: Pierfrancesco Chili, I, Ducati, 1997 in 2:04,583 min (= 174,794 km/h)
Pole Position: John Kocinski, USA, Honda in 2:04,61 min (= 175,529 km/h)

1. Lauf:

1. Kocinski in 33:34,731 min (= 172,937 km/h)
2. Carl Fogarty, GB, Ducati, 0,143 s zur.
3. Pierfrancesco Chili, I, Ducati, 0,701 s zur.
4. Aaron Slight, NZ, Honda, 6,363 s zur.
5. Neil Hodgson, GB, Ducati, 8,431 s zur.
6. Scott Russell, USA, Yamaha
7. Jamie Whitham, GB, Suzuki
8. Akira Yanagawa, J, Kawasaki
9. Simon Crafar, NZ, Kawasaki
10. Chris Walker, GB, Yamaha
11. Mike Hale, USA, Suzuki
12. Pere Riba Cabana, E, Honda
13. **Jochen Schmid, D, Kawasaki**
14. **Udo Mark, D, Suzuki**
15. Erkka Korpiaho, FIN, Kawasaki
17. **Michael Rudroff, D, Suzuki**
18. **Rainer Jänisch, D, Suzuki**
20. **Anton Gruschka, D, Yamaha**

Schnellste Runde: Chili in 2:04,583 min (= 174,794 km/h, Rekord)

2. Lauf:

1. Fogarty in 33:31,289 min (= 173,233 km/h)
2. Chili, 0,931 s zur.
3. Kocinski, 2,988 s zur.
4. Slight, 4,620 s zur.
5. Hodgson, 13,426 s zur.
6. Crafar
7. Yanagawa
8. Russell
9. Walker
10. Piergiorgio Bontempi, I, Kawasaki
11. Whitham
12. **Schmid**
13. **Mark**
14. Igor Jerman, SLO, Kawasaki
15. Riba Cabana
16. **Jänisch**
18. **Rudroff**

Schnellste Runde: Chili in 2:04,649 min (= 174,701 km/h)

Albacete/E, 21.09.97

Streckenlänge: 3,539 km
Rundenrekord: Troy Corser, AUS, Ducati, 1996 in 1:31,714 min (= 138,914 km/h)
Pole Position: John Kocinski, USA, Honda in 1:31,350 min (= 139,467 km/h)

1. Lauf:

1. Kocinski in 40:22,586 min (= 136,734 km/h)
2. Aaron Slight, NZ, Honda, 6,028 s zur.
3. Simon Crafar, NZ, Kawasaki, 8,452 s zur.
4. Akira Yanagawa, J, Kawasaki, 13,725 s zur.
5. Pierfrancesco Chili, I, Ducati, 20,186 s zur.
6. Piergiorgio Bontempi, I, Kawasaki
7. Gregorio Lavilla, E, Ducati;
8. Mike Hale, USA, Suzuki
9. **Jochen Schmid, D, Kawasaki**
10. Chris Walker, GB, Yamaha
11. Pere Riba Cabana, E, Honda
12. **Udo Mark, D, Suzuki**
13. Igor Jerman, SLO, Kawasaki
14. Giorgio Cantalupo, I, Ducati
15. Jiri Mrkyvka, CZ, Honda
16. **Anton Gruschka, D, Yamaha**

Schnellste Runde:
Kocinski in 1:32,334 min (=137,981 km/h)

2. Lauf:

1. Kocinski in 40:21,958 min (= 136,770 km/h)
2. Crafar, 1,416 s zur.
3. Slight, 2,102 s zur.
4. Yanagawa, 2,308 s zur.
5. Scott Russell, USA, Yamaha, 14,583 s zur.
6. Bontempi
7. Chili
8. Neil Hodgson, GB, Ducati
9. Hale
10. Jamie Whitham, GB, Suzuki
11. Walker
12. **Schmid**
13. Riba Cabana
14. **Mark**
15. James Haydon, GB, Ducati
19. **Gruschka**

Schnellste Runde: Crafar in 1:32,258 min = 138,095 km/h)

Sugo/J, 05.10.97

Streckenlänge: 3,737 km
Rundenrekord: Yanagawa, 1997, in 1:30,338 min (= 148,920 km/h)
Pole Position: Yanagawa in 1:30,170 min (= 149,198 km/h)

1. Lauf:

1. Yanagawa in 31:53,323 min (= 147,658 km/h)
2. Noriyuki Haga, J, Yamaha, 0,033 s zur.
3. Crafar, 4,106 s zur.
4. Keiichi Kitagawa, J, Kawasaki, 11,902 s zur.
5. Wataru Yoshikawa, J, Yamaha, 18,345 s zur.
6. Slight
7. Shinja Takeshi, J, Kawasaki
8. Katsuaki Fujiwara, J, Suzuki
9. Kocinski
10. Tamaki Serizawa, J, Suzuki
11. Shinichi Ito, J, Honda
12. Chili
13. Fogarty
14. Russell
15. Norihiko Fujiwara, J, Yamaha

Schnellste Runde:
Yanagawa in 1:30,338 min (= 148,920 km/h)

2. Lauf:

1. Haga in 38:04,349 min (= 147,232 km/h)
2. Crafar, 2,676 s zur.
3. Kocinski, 5,883 s zur.
4. Slight, 10,385 s zur.
5. K. Fujiwara, 12,854 s zur.
6. Serizawa
7. Yuichi Takeda, J, Honda
8. Akira Ryo, J, Kawasaki
9. Sean Emmet, GB, Ducati
10. Hale
11. Makoto Suzuki, J, Ducati
12. Ixhirou Asai, J, Ducati
13. Manabu Karnada, J, Honda
14. Jerman
15. Riba Cabana

Schnellste Runde: Haga in 1:30,786 min (= 148,185 km/h)

Rennergebnisse Supersport Worldseries 1997

Sentul/RI, 12.10.97

Streckenlänge: 3,965 km
Rundenrekord: Kocinski, 1997, in 1:27,151 min (= 163,784 km/h)
Pole Position: Kocinski in 1:26,839 min (= 164,373 km/h)

1. Lauf:

1. Kocinski in 36:51,314 min (= 161,375 km/h)
2. Slight, 0,055 s zur.
3. Carl Fogarty, GB, Ducati, 2,123 s zur.
4. Yanagawa, 7,049 s zur.
5. Noriyuki Haga, J, Yamaha, 13,430 s zur.
6. Russell
7. John Reynolds, GB, Ducati
8. Hale
9. Whitham
10. Jerman
11. Riba Cabana
12. Makoto Suzuki, J, Ducati
13. Yudha Kusuma, RI, Kawasaki

Schnellste Runde:
Kocinski in 1:27,568 min (= 163,004 km/h)

2. Lauf:

1. Fogarty in 36:37,726 min (= 162,372 km/h)
2. Yanagawa, 7,767 s zur.
3. Haga, 7,797 s zur.
4. Slight, 7,798 s zur.
5. Russell, 8,840 s zur.
6. Whitham
7. Hodgson
8. Sean Emmett, GB, Ducati
9. Jerman
10. Suzuki
11. Riba Cabana
12. Christian Lavieille, F, Honda
13. Kusuma

Schnellste Runde: Kocinski in 1:27,151 min (= 163,784 km/h, Rekord)

Misano/RSM, 20.04.97

Pole-Position: Paolo Casoli, I, Ducati in 1:37,907 min (= 149,284 km/h)

1. Massimo Meregalli, I, Yamaha in 46:36,727 min (= 120,201 km/h)
2. Stéphane Mertens, B, Suzuki, 5,995 s zur.
3. Michael Paquay, B, Honda, 7,245 s zur.
4. Eric Mahé, F, Yamaha, 10,720 s zur.
5. Marc Garcia, F, Honda, 11,221 s zur.
6. Jeffry de Vries, NL, Yamaha
7. Stéphane Chambon, F, Ducati
8. Roberto Teneggi, I, Ducati
9. Giovanni Bussei, I, Suzuki
10. **Peter Koller, D, Kawasaki**
11. Francisco Riquelme, E, Ducati
12. Robert Ulm, A, Honda
13. Christian Zwedorn, A, Honda
14. Michele Malatesta, I, Bimota
15. David Rouge, CH, Honda

Schnellste Runde: Vittoriano Guareschi, I, Yamaha in 1:58,006 min (= 123,858 km/h)

Donington/GB, 05.04.97

Pole-Position: Paolo Casoli, I, Ducati in 1:38,392 min (= 147,194 km/h)

1. Casoli in 38:32,737 min (= 144,030 km/h)
2. **Thomas Körner, D, Ducati, 28,279 s zur.**
3. Mertens, 29,024 s zur.
4. Meregalli, 31,180 s zur.
5. M. Garcia, 31,297 s zur.
6. Cristophe Cogan, F, Ducati
7. Wilco Zeelenberg, NL, Yamaha
8. Paquay
9. **Jörg Teuchert, D, Yamaha**
10. Bernard Garcia, F, Honda
11. Mauro Lucchiari, I, Ducati
12. Rouge
13. Jean-Pierre Jeandat, F, Ducati
14. Mahé
15. **Bernhard Schick, D, Ducati**

Schnellste Runde: Casoli in 1:39,448 min (= 145,631 km/h)

Hockenheim/D, 8.06.97

Pole Position: Paolo Casoli in 2.09,188 min (=189,268 km/h)

1. Michael Paquay, B, Honda, in 30:44,108 min (= 185,627 km/h)
2. Paolo Casoli, I, Ducati, 0,097 s zur.
3. Stéphane Chambon, F, Ducati, 0,493 s zur.
4. Vittoriano Guareschi, I, Yamaha, 0,702 s zur.
5. Yves Briguet, CH, Suzuki, 0,836 s zur.
6. Roberto Panichi, I, Bimota
7. Wilco Zeelenberg, NL, Yamaha
8. Serafino Foti, I, Ducati
9. Christophe Cogan, F, Ducati
10. **Thomas Körner, D, Ducati**
21. **Ralph Stelzer, D, Honda**

Schnellste Runde: Briguet in 2:09,530 min (= 188,768 km/h)

Monza/I, 22.06.97

Pole Position: Massimo Meregalli, I, Yamaha in 1:53,752 min (= 182,607 km/h)

1. Fabrizio Pirovano, I, Ducati in 36:14,052 min (=152,872 km/h)
2. Yves Briguet, CH, Suzuki, 2,680 s zur.
3. Stéphane Mertens, B, Suzuki, 10,142 s zur.
4. Meregalli, 10,456 s zur.
5. Giovanni Bussei, I, Suzuki, 22,449 s zur.
6. Stéphane Chambon, I, Ducati
7. Roberto Teneggi, I, Ducati
8. Bruno Cirafici, I, Bimota
9. **Jörg Teuchert, D, Yamaha**
10. Roberto Panichi, I, Bimota
11. Marc Garcia, F, Honda
12. Serafino Foti, I, Ducati
13. Pierre Jeandat, F, Ducati
14. Ruben Xaus, E, Honda
15. David Rouge, CH, Honda
21. **Volker Bähr, D, Kawasaki**
22. **Bernhard Schick, D, Ducati**

Schnellste Runde: Mertens in 2:10,961 min (=158,612 km/h) in Runde 16

Brands Hatch/EU, 03.08.97

Pole Position: Mario Innamorati, I, Ducati in 1:30,594 min (= 166,301 km/h)

1. Stéphane Chambon, F, Ducati in 35:07,006 min (= 164,460 km/h)
2. Paolo Casoli, I, Ducati, 0,328 s zur.
3. Yves Briguet, CH, Suzuki, 0,963 s zur.
4. Vittoriano Guareschi, I, Yamaha, 9,392 s zur.
5. Stéphane Mertens, B, Suzuki, 11,545 s zur.
6. Fabrizio Pirovano, I, Ducati
7. Scott Smart, GB, Ducati
8. Christopher Cogan, F, Ducati
9. Giovanni Bussei, I, Suzuki
10. Wilco Zeelenberg, NL, Yamaha
11. Marco Risitano, I, Kawasaki
12. Ruben Xaus, E, Honda
13. Roberto Panichi, I, Bimota
14. **Thomas Körner, D, Ducati**
15. Eric Mahé, F, Yamaha

Schnellste Runde: Michael Paquay, B, Honda in 130,594 min (= 166,301 km/h)

A1-Ring/A, 17.08.97

Pole Position: Guareschi in 1:36,421 min (= 161,250 km/h)

1. Guareschi in 37:32,925 min (= 158,733 km/h)
2. Pirovano, 3,322 s zur.
3. Mahé, 5,290 s zur.
4. Briguet, 6,485 s zur.
5. Innamorati, 6,665 s zur.
6. Chambon
7. Zeelenberg
8. Bussei
9. **Bernhard Schick, D, Ducati**
10. Risitano
11. Marc Garcia, F, Honda
12. **Körner**
13. Michael Paquay, B, Honda
14. Jeffry DeVries, NL, Yamaha
15. Xaus
16. **Peter Koller**

Schnellste Runde:
Innamorati in 1:36,915 min (= 160,433 km/h)

Assen/NL, 31.08.97

Pole Position: Wilco Zeelenberg, NL, Yamaha in 2:11,777 min (= 165,251 km/h)

1. Zeelenberg in 35:26,496 min (= 163,848 km/h)
2. Paolo Casoli, I, Ducati, 13,056 s zur.
3. Michael Paquay, B, Honda, 18,740 s zur.
4. Jeffry de Vries, NL, Yamaha
5. Yves Briguet, CH, Suzuki, 19,365 s zur.
6. Vittoriano Guareschi, I, Yamaha
7. Stéphane Chambon, F, Ducati
8. Marc Garcia, F, Honda
9. Fred Bayens, NL, Honda
10. Mile Pajic, NL, Kawasaki
11. Stéphane Mertens, B, Suzuki
12. **Thomas Körner, D, Ducati**
13. Giovanni Bussei, I, Suzuki
14. **Volker Bähr, D, Kawasaki**
15. Francisco Riquelme, E, Ducati
18. **Peter Koller, D, Kawasaki**

Schnellste Runde: Zeelenberg in 2:11,478 min (= 165,627 km/h)

Oschersleben/D, 7.09.97

Pole Position: Casoli in 1:33,712 min (= 145,541 km/h)

1. Casoli in 44:47,331 min (= 141,410 km/h)
2. Guareschi, 4,694 s zur.
3. Briguet, 5,198 s zur.
4. Zeelenberg, 5,586 s zur.
5. Chambon, 5,640 s zur.
6. Bussei
7. **Körner**
8. Massimo Meregalli, I, Yamaha
9. Paquay
10. **Schick**
11. Christophe Cogan, F, Ducati
12. Bernard Garcia, F, Honda
13. Mertens
14. **Koller**
15. David Rouge, CH, Honda

Schnellste Runde: Casoli in 1:33,789 min (= 144,707 km/h)

Albacete/E, 21.09.97

Pole Position: Massimo Meregalli, I, Yamaha in 1:36,096 min (= 132,579 km/h)

1. Vittoriano Guareschi, I, Yamaha in 42:22,201 min (= 130,301 km/h)
2. Meregalli, 0,470 s zur.
3. Michael Paquay, B, Honda, 6,683 s zur.
4. Stéphane Chambon, F, Ducati, 9,734 s zur.
5. Fabrizio Pirovano, I, Ducati, 9,790 s zur.
6. Paolo Casoli, I, Ducati, 14,028 s zur.
7. Francisco Riquelme, E, Ducati
8. Marco Risitano, I, Kawasaki
9. Yves Briguet, CH, Suzuki
10. Jeffry DeVries, NL, Yamaha
11. Giovanni Bussei, I, Suzuki
12. Wilco Zeelenberg, NL, Yamaha
13. Mario Innamorati, I, Bimota
14. **Thomas Körner, D, Ducati**
15. Ruben Xaus, E, Honda

Schnellste Runde: Guareschi in 1:36,924 min (= 131,447 km/h)

Sugo/J, 05.10.97

Pole Position: Casoli in 1:35,018 min

1. Casoli in 40:14,742 min (= 139,281 km/h)
2. Briguet, 10,723 s zur.
3. Pirovano, 10,998 s zur.
4. Guareschi, 11,453 s zur.
5. Christophe Cogan, F, Ducati, 15,615 s zur.
6. Meregalli
7. Stéphane Mertens, B, Suzuki
8. **Körner**
9. Risitano
10. De Vries
11. Innamorati
12. Zeelenberg
13. Bernard Garcia, F, Ducati
14. Paquay
15. Xaus

Schnellste Runde:
Casoli in 1:35,476 min (= 140,906 km/h)

Rennergebnisse Supermono Cup 1997

Sentul/RI, 12.10.97

Pole Position: Briguet in 1:32,493 min (= 154,325 km/h)

1. Guareschi in 39:12,899 min (= 151,664 km/h)
2. Briguet, 0,781 s zur.
3. Chambon, 5,119 s zur.
4. Mertens, 15,645 s zur.
5. Xaus, 19,204 s zur.
6. Cogan
7. Marc Garcia, F, Honda
8. Risitano
9. Meregalli
10. **Körner**
11. Zeelenberg
12. Fred Bayens, NL, Honda
13. **Schick**

Schnellste Runde:
Guareschi in 1:32,803 min (= 153,809 km/h)

Schloß in Sentul mit Endrang zehn ab: Thomas Körner

Misano/RSM, 20.04.97

Pole-Position: Suzuki in 1:40,902 min (= 145,800 km/h)

1. Makoto Suzuki, J, Over in 23:48,873 min (= 112,519 km/h)
2. **Manfred Kehrmann, D, BMR-Suzuki, 3,423 s zur.**
3. **André Friedrich, D, MuZ, 3,735 s zur.**
4. **Frank Schüller, D, Rotax, 9,539 s zur.**
5. **Wolfgang Melchinger, D, GDM-Rotax, 29,805 s zur.**
6. Valter Bartolini, I, Villa
7. Lex Van Dijk, NL, Alpha Gilex
8. Massimo Temporali, I, Ducati
9. Steve Marlow, GB, Yamaha
10. Stefan Slootjes, NL, Husquarna
11. Gary Robert Cotterell, GB, Tigcraft
12. David Walker, GB, Tigcraft
13. Carl James, GB, BMW
14. Geoff Lynn, GB, Spondon
15. Richard Cutts, GB, Ducati

Schnellste Runde:
Friedrich in 2:05,829 min (= 116,157 km/h)

Donington/GB, 04.05.97

Pole-Position: André Friedrich, D, MuZ in 1:41,466 min (= 142,735 km/h)

1. Suzuki in 25:38,118 min (= 141,239 km/h)
2. **Friedrich, 9,327 s zur.**
3. Steve Ruth, GB, Tigcraft 28,879 s zur.
4. **Elli Bindrum, D, MuZ, 40,655 s zur.**
5. James, 1:15,795 min zur.
6. Van Dijk
7. Mark George, GB, Tigcraft
8. **Melchinger**
9. Cotterell
10. Marlow
11. Cutts
12. Mark Lawes, GB, Tigcraft
13. Ian Longstaff, GB, Yamaha
14. Paul Harrisson, GB, Tigcraft
15. **Guido Metzler, D, BMR-Suzuki**

Schnellste Runde:
Suzuki in 1:41,441 min (= 142,770 km/h)

Hockenheim/D, 08.06.97

Pole Position: André Friedrich in 2:15,832 min (=180,010 km/h)

1. Makato Suzuki, J, Over, in 23:10,479 min (= 175,847 km/h)
2. **André Friedrich, D, MuZ, 1,960 s zur.**
3. Steve Ruth, GB, Tigcraft, 32,390 s zur.
4. Carl James, GB, Harris-BMW, 1:01,107 min zur.
5. John Barton, GB, Ducati, 1:06,221 min zur.
6. **Wolfgang Melchinger, D, GDM-Rotax**
7. **Gunter Kleine-Niermann, D, Yamaha**
8. Steve Marlow, GB, Yamaha
9. Ivan Piccina, I, Corb
10. David Walker, GB, Tigcraft
17. **Werner Huhn, D, BMR-Suzuki**
20. **Stefan von Jasienicki, D, MuZ**

Schnellste Runde:
Suzuki in 2:16,825 min (= 178,704 km/h)

Monza/I, 22.06.97

Pole Position: Makoto Suzuki, J, Over-Yamaha in 1:58,585 min (=175,165 km/h)

1. Suzuki in 25:09,220 min (=151,397 km/h)
2. Massimo Temporali, I, Ducati, 10,334 s zur.
3. **Elli Bindrum, D, MuZ, 32,959 s zur.**
4. Ivan Piccina, I, Corb, 38,663 s zur.
5. Lex van Dijk, NL, Alpha-Gilex, 57,556 s zur.
6. John Barton, GB, Ducati
7. Juri Di Raimondo, I, Moretti
8. **Guido Metzler, D, BMR-Suzuki**
9. Richard Cutts, GB, Ducati
10. Paul Goldstein, GB, Spondon
11. Gary Robert Cotterell, GB, Tigcraft
12. Carl James, GB, Harris-BMW
13. Paul Marris, GB, BMW
14. Geoff Lynn, GB, Spondon

Schnellste Runde:
Suzuki in 2:12,102 min (=157,242 km/h) in Runde 1

Brands Hatch/EU, 03.08.97

Pole Position: Makoto Suzuki, J, Over-Yamaha in 1:33,111 min (= 161,806 km/h)

1. Suzukiin 17:38,401 min (= 142,347 km/h)
2. John Barton, GB, Ducati, 2,599 s zur.
3. **André Friedrich, D, MuZ, 5,780 s zur.**
4. Alan Cathcart, GB, Ducati, 17,024 s zur.
5. Dean Morris, GB, BMW, 21,013 s zur.
6. Harry van Beek, NL, Yamaha
7. S. Hermsen, NL, Yamaha
8. **Frank Schüller, D, Pami Rotax**
9. Lex van Dijk, NL, Alpha Gilex
10. Ivan Piccina, I, Corby
11. D. Harnett, GB, KTM
12. **Guido Metzler, D, BMR-Suzuki**
13. Brian Richardson, GB, Tigcraft Yamaha
14. S. Slootjes, NL, Husquarna
15. Carl James, GB, Harris BMW
16. **Wolfgang Melchinger, D, GDM Rotax**

Schnellste Runde:
Barton in 1:44,108 min (= 144,715 km/h)

A1-Ring/A, 17.08.97

Pole Position: Friedrich in 1:40,541 min (= 155,004 km/h)

1. **Friedrich in 27:09,948 min (= 152,627 km/h)**
2. **Elli Bindrum, D, MuZ, 0,278 s zur.**
3. Suzuki, 0,525 s zur.
4. Piccina, 54,420 s zur.
5. **Melchinger, 57,010 s zur.**
6. James
7. C. Windhager, A, Ducati
8. Van Dijk
9. D. Walker, GB, Tigcraft
10. Barton
11. **Metzler**
12. Steve Marlow, GB, Yamaha
13. F. Chinaglia, I, Honda
14. C. Chitty, GB, Tigcraft
15. J. Karl, A, KTM

Schnellste Runde:
Friedrich in 1:40,438 min (= 154,805 km/h)

Assen/NL, 31.08.97

Pole Position: Makoto Suzuki, J, Over-Yamaha, in 2:16,041 min (= 160,072 km/h)

1. Suzukiin 16:04,731 min (= 158,008 km/h)
2. **André Friedrich, D MuZ, 0,512 s zur.**
3. Stéphane Coutelle, F, Tucson, 10,582 s zur.
4. Cees Doorakkers, NL, Yamaha, 14,685 s zur.
5. Steve Ruth, GB, Tigcraft, 15,071 s zur.
6. **Frank Schüller, D, Pami Rotax**
7. Lex van Dijk, NL, Alpha-Gilex
8. **Elli Bindrum, D, MuZ**
9. John Barton, GB, Ducati
10. Stefan Slootjes, NL, Husqvarna
11. **Wolfgang Melchinger, D, GDM Rotax**
12. David Morris, GB, BMW
13. Ivan Piccina, I, Corby
14. **Guido Metzler, D, BMR-Suzuki**
15. Sean Adams, GB, Harris-Yamaha
16. **Gunter Kleine-Niermann, D, Yamaha**

Schnellste Runde:
Suzuki in 2:15,737 min (= 160,430 km/h)

Albacete/E, 21.09.97

Pole Position: Makoto Suzuki, J, Over-Yamaha in 1:39,235 min (= 1:28,386 km/h)

1. Suzuki in 24:53,787 min (= 127,934 km/h)
2. **André Friedrich, D, MuZ, 2,971 s zur.**
3. **Katja Poensgen, D, BMR, 15,431 s zur.**
4. Gianluca Villa, I, Villa-Nifo, 27,091 s zur.
5. Steve Ruth, GB, Tigcraft, 27,273 s zur.
6. Mark George, GB, Tigcraft
7. **Elli Bindrum, D, MuZ**
8. Lex van Dijk, NL, Alpha-Gilex
9. **Wolfgang Melchinger, D, GDM Rotax**
10. Juri Di Raimondo, I, Moretti
11. Ben Richardson, GB, Tigcraft
12. Steve Marlow, GB, Yamaha
13. Guido Metzler, D, BMR-Suzuki
14. Gary Cotterell, GB, Tigcraft
15. Marc Lawes, GB, Tigcraft

Schnellste Runde:
Suzuki in 1:37,560 min (= 130,590 km/h)

Rennkalender Superbike-WM 1998

(Stand Ende Oktober 1997)

Für 1998 erhält die Superbike-WM voraussichtlich einen zusätzlichen Veranstaltungstermin, nämlich die Finalrunde im malayischen Shah Alam.

Hier die bis Redaktionsschluß verlautbarten Termine:

15.03.: Sentul/RI

22.03.: Phillip Island/AUS

13.04.: Donington/GB

26.04.: Monza/I

07.06.: Hockenheim/D

21.06.: Misano/RSM

12.07.: Laguna Seca/USA

02.08.: Brands Hatch/EU

30.08.: A1-Ring/A

06.09.: Assen/NL

20.09.: Albacete/E

04.10.: Sugo/J

11.10.: Shah Alam/MAL